JN115830

プロジェクト・ポートフォリオマネジメント

PROJECT

PORTFOLIO

MANAGEMENT

の教科書

Portfolio Management
Professional

尾﨑 能久
Ozaki Yoshihisa

ビジネスを継続的に維持・発展させていく考え方と手法

■ はじめに

　私がはじめてVUCAという言葉を聞いたのは外資系企業に勤務していた2015年頃だったと記憶しております。Volatility（変動性）、Uncertainty（不確実性）、Complexity（複雑性）、Ambiguity（曖昧性）という表現で、今後世の中は不安定な状況が続き変化が継続して発生し、それに対応していかなければならないと、盛んに米国の経営陣がいっていたのを記憶しています。それから五年も経たないうちに実際に現在のような状況になるとは正直思ってもいませんでした。企業を取り巻く環境は大きく揺れ動き、これまでにあまり経験をしたことがない様々な変化に直面しています。長期間にわたり全世界に影響を及ぼした感染症、急激な為替変動、長引く紛争などに起因する外部環境の大きな変化・市場の変化は、企業の経営に大きな影響を与えており、これらの変化に対応しビジネスを維持存続・発展させていくために多くの企業で様々なアクションを実行されていることと思います。また、近年のSDGsをはじめとする社会的責任への対応や、デジタルトランスフォーメーションへの取り組みも然りです。

　こういった状況の中、多くの企業ではビジョン・ミッション、経営戦略を掲げ、中期の経営計画を策定し、計画達成へ向け通常のオペレーション（定常業務）に加え、既存事業や新規事業（成長分野）において多くのプロジェクトを立ち上げて実行していると思います。これまでは、既存ビジネスのオペレーション（定常業務）を中心に企業・組織の売上や利益の大半を創出してきたという状況でしたが、近年では多くのプロジェクトを実行し、成果を上げることによって売上や利益を拡大させていく傾向が強くなってきております。海外ではこのことを「プロジェクトエコノミーの到来」と表現しており、ハーバードビジネスレビューの記事に取り上げられたりしています。

　ただ、これらのプロジェクトが必ずしも成功しているわけではあり

ません。プロジェクトを計画通り遂行し完了したとしても、経営計画の達成にどれだけ貢献したかを把握できておらず曖昧なことも多い状況です。

　プロジェクトマネージャーからは、「プロジェクトのQCD（品質、コスト、納期）を計画通り達成したのに評価されない」といった不満や、経営者側からは「プロジェクトが予定通り完了したと報告を受けたが、全く経営指標が好転しない」といった声を聞きます。皆さまが所属されている企業・組織ではいかがでしょうか。

　これらは、プロジェクトの目的が、経営側の意図とずれている、プロジェクトの成果が経営戦略、経営計画の指標と結びついていないことが起因していると考えられます。経営とプロジェクトが紐づいておらず、本来の「正しいプロジェクト」を見極めて実行していない状況かもしれません。

　例をあげますと、近年多くの日本企業において、デジタルトランスフォーメーション（DX）の取り組みを実施されていると思いますが、このDXプロジェクトの成果がどう経営に貢献するのかを見極めていくことも非常に重要になります。

　2023年2月に情報処理推進機構（IPA）から公開された「DX白書2023」には、全社戦略に基づいてDXに取り組んでいる日本企業の割合は約54％との調査結果があります。全社戦略に基づいていない企業においては、プロジェクトに多くのリソースを投入し、プロジェクトを無事終えることが出来たとしても、企業の戦略や経営への貢献が明確ではなく、プロジェクト関係者が費やした多大な労力が報われないという結果になりかねません。企業・組織はこのような結果になることは必ず避けなければなりません。

　本書で紹介する「プロジェクト・ポートフォリオマネジメント（以下ポートフォリオマネジメントと記載）」は、企業・組織の戦略と整合

の取れた正しいプロジェクトを見極めて実行する、経営戦略実践の鍵となるマネジメント手法になります。欧米ではこのポートフォリオマネジメントが浸透しており、標準書や国際規格が発行されています。

　主に、世界最大のプロジェクトマネジメント協会（PMI: Project Management Institute）が発行している「The Standard For Portfolio Management」、英国商務省（OGC: Office Of Government Commerce）の「MoP: Management of Portfolios」、国際標準化機構の国際規格ISO21504の三つがあり、共通点も多く、それぞれ世界各国で参照され普及しております。また、欧米以外の中国、インド、中東各国などでも、このポートフォリオマネジメントを学ぶ専門家が増えております。日本は残念ながら遅れをとっており専門家の数も少なく、取り入れている企業も多くはありません。今後も様々な変化が起こりうる状況下でビジネスを継続的に維持・発展させていくためには、従来のマネジメント手法に加え、このポートフォリオマネジメントの考え方や手法を全てではなくとも一部でも取り入れていくことは必須であると考えられます。

　本書では、企業の経営者・役職者、プロジェクトマネージャーおよびプロジェクト関係者、経営コンサルタントの方などに向け、世界標準のマネジメント手法「ポートフォリオマネジメント」について解説いたします。

　プロジェクト自体を計画通りに確実に実行する手法は、プロジェクトマネジメントの知識体系としてPMIが発行するPMBOK®（Project Management Body Of Knowledge）が日本においても普及しており多くの優れた書籍も出版されています。しかし、「ポートフォリオマネジメント」を解説する書籍は少ない状況です。この分野の専門家でありPMIが認定する国際専門職資格のPortfolio Management Professional (PfMP) ®を所持する著者が、企業役員の経験とプロジェクトマネジメントの経験をもとに、経営者およびプロジェクト関係者双方の視点で

紹介いたします。

　第１章では、なぜ今このポートフォリオマネジメントが必要なのかを説明し、第２章でポートフォリオマネジメントの全体像を解説いたします。ここまでで概要は掴んでいただけると思います。第３章ではポートフォリオを構成するプロジェクトおよびプログラムの実践手法を、第４章では経営戦略に整合したプロジェクトの見極め手法を、第５章ではポートフォリオマネジメントを実行するための組織について解説いたします。最後の第６章はポートフォリオマネジメントを実行するために必要となる人材とその育成について記載しております。

　日本企業の更なる発展へ向け、本書が少しでも読者の皆さまの手助けになることを願っております。

2023年7月

尾﨑 能久

CHAPTER 01 なぜ今「ポートフォリオマネジメント」が必要なのか

C<small>HAPTER</small> 02 ポートフォリオ マネジメントの概要

CHAPTER 03 ポートフォリオ コンポーネントの実践手法

CHAPTER 04

経営戦略に整合した プロジェクトの見極め手法

CHAPTER 05 ポートフォリオマネジメント を実行する組織

CHAPTER 06 ポートフォリオマネジメントに必要となる人材育成

CHAPTER

01

なぜ今「ポートフォリオ
マネジメント」が
必要なのか

SECTION 01 なぜ今「ポートフォリオマネジメント」が必要なのか

　プロジェクトマネジメントについては読者の皆さまも耳にされたことがあり、多くの場面で実践されていると思います。しかし、プロジェクトに関する活動において「ポートフォリオマネジメント」という言葉はあまり耳にしたことがないのではないでしょうか。もし聞いたことがあったとしても詳細は把握していないという人も多いと思います。

　このポートフォリオという言葉ですが、意味合いとしては複数のものをひとまとめにして持ち運んでいる（管理している）イメージで捉えるとわかりやすいと思います。画集、作品集、金融商品などで使われたりしています。ビジネスの世界では、ボストンコンサルティンググループが提唱した、プロダクト・ポートフォリオマネジメントという手法があり、事業ポートフォリオマネジメントともいわれています。複数の事業をマネジメントする手法として、日本でも取り入れている企業が多くあります。

　では、プロジェクトの「ポートフォリオマネジメント」についてはどうでしょうか。複数のプロジェクトを立ち上げて実行するような状況において、企業・組織の戦略にそった正しいプロジェクトを見極めて、正しいタイミング、正しい資源で行うマネジメント手法になります。

　本章では、まず、昨今の変化が激しい時代の中で、日本の企業が主に直面している課題や状況などを踏まえたうえで、今なぜこの「ポートフォリオマネジメント」が必要なのかについて紹介いたします。

SECTION 02
プロジェクトが不可欠 となり増加している

　近年、多くの日本企業では、経営戦略を策定し、経営計画を立て、既存事業の維持・発展や新規事業（成長分野）への参入など、様々な取り組みを実施しています。ただ、少子高齢化・人口減少など、これまでとは異なる市場環境への適合や、ここ数年の新型コロナウイルス感染症拡大、円安不況、長引く国際紛争などの大きな外部環境の変化に直面しています。VUCAの時代といわれ、今後も先行きが不透明で未来を予測することが難しい状況にあります。

　このような状況において、各企業では、変化に対応すべく経営課題を明確にし、更なる成長へ向け尽力しています。日本能率協会から日本企業の経営課題の調査結果が公開されています。この調査によりますと、主な経営課題（現在および三年後の主な課題）は、収益性向上、人材の強化、売上・シェア拡大、事業基盤の強化・再編（事業ポートフォリオの再構築）、デジタル技術の活用・戦略的投資、働きがい・従業員満足度向上などとなっています（一般社団法人日本能率協会. 日本企業の経営課題2022.より）。

　これらの経営課題を解決すべく、各企業では従来のオペレーション（定常業務）に加え様々なプロジェクトを立ち上げて実行しており、プロジェクトの数は増加しています。

　オペレーション（定常業務）とプロジェクトの違いについては、P.18図表1-1に示していますが、プロジェクトは、有期性、独自性があり、従来のオペレーションの改善、課題解決、新たな価値創出などを実現するための活動になります。

■ 図表 1-1　定常業務とプロジェクトの相違

	プロジェクト	定常業務
期間	有期的	継続（永続）的
内容	独自性がある	既定の内容を実施
資源（人、資金など）	一時的にプロジェクトごとに投資	年度ごとに既定の組織に投資
マネジメント	プロジェクトマネジメント	ビジネス業務のマネジメント
例	現状の改善、課題解決のために実施する活動。または現状には無い新たな価値を創出するための活動	営業、製造、サービス、人事、経理などの決められたルーチン業務

　また、近年「両利きの経営」が話題になっており、既存事業の深化（継続して深掘りし磨き込む）と新規事業の探索（新たな成長分野への模索）の両立を実施し、ビジネスを成長させることが求められています。それは、既存事業を改善して安定した収益を上げることに加え、既存事業で得た資源（キャッシュ等）を成長分野に投資して新規事業を確立することなどです。実際に、代表的な日本企業の多くは、事業基盤の強化・再編（事業ポートフォリオの再構築）を課題として、既存事業と新規事業（成長分野）を両立、成長させる取り組みを実施しています。この取り組みの成否が企業の将来を左右するといっても過言ではありません。

　この「両利きの経営」の実践には、必ずプロジェクトが必要となります。既存事業においても新規事業においても経営戦略に基づいたプロジェクトを立ち上げて実行することが必須となります。P.19 図表1-2に既存事業と新規事業におけるプロジェクトへの資源配分のイメージを示します。

■ 図表 1-2　プロジェクトへの資源配分イメージ（既存事業、新規事業）

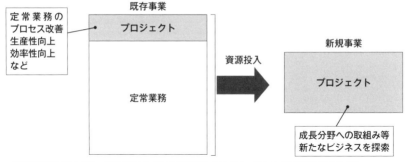

● 既存事業においては、資源配分の主は定常業務（プロジェクトへの配分は限られる）
● 既存事業で得た資源を新規事業のプロジェクトに投入

　既存事業において、従来の確立されたオペレーション（定常業務）をこれまで通り決まったプロセスでただ実行するだけでは、変化が激しい状況下では変化に対応できず収益は確実に減少していきます。

　状況に応じてプロセスを改善することや、生産性や効率性の向上を追求していくことが求められます。そのためには、既存事業の改善余地を追求する様々なプロジェクトを立ち上げて実行し、既存事業の安定した収益と更なる収益増加を実現していくことが必要になります。

　新規事業（成長分野）への取り組みにおいては、自社の強み（技術や資産など）を活かして新たな分野に参入することや、M&A、アライアンス、エコシステム確立など、必要となるプロジェクトを選定し立ち上げて実行していくことが必要となります。

　このように、経営戦略の実践において重要となるアクションはプロジェクトであり、正しい適切なプロジェクトを立ち上げて成功させることが、ビジネスの成長における重要な課題となることはいうまでもありません。

SECTION 03 プロジェクトエコノミーの到来

　既存事業および新規事業において、それぞれプロジェクトを立ち上げて実行する必要があることを述べましたが、実際に多くの企業では、経営計画やアクションプランを立て、その実行にあたっては従来のオペレーション（定常業務）に加えて、多くのプロジェクトを立ち上げて取り組んでいます。

　プロジェクトは、現場レベルで実施しているものもあれば、部門レベルや全社レベルで取り組んでいるものもあります。また短期的なもの、中長期的なもの、小規模なものから大規模なものまで、企業の規模にもよりますが、多種多様なプロジェクトを実行している状況です。

　新製品・新ソリューション開発プロジェクト、業務改革プロジェクト、インフラ刷新・更新プロジェクト、デジタルトランスフォーメーション（DX）プロジェクト、人材強化プロジェクト、拠点統合プロジェクト、在庫最適化プロジェクトなど、数え上げたらキリがないほど、皆さまが所属されている企業・組織でも多くのプロジェクトがあると思います。

　このような状況は、日本企業だけの話ではなく、世界的にも同様です。これまでは、既存事業のオペレーションが中心となりビジネスの成長を支え、プロジェクトは一時的にオペレーションを補助する位置付けでした。しかし、現在はプロジェクトのビジネスへの貢献度合いが高まり、プロジェクトが主体になってきているといわれています（P.21 図表1-3 参照）。

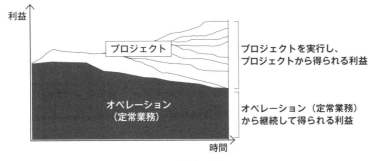

■ 図表 1-3　プロジェクトのビジネスへの貢献

プロジェクトがビジネスへ貢献する割合が向上
「プロジェクトエコノミーの到来」

　このようにプロジェクトがビジネスを支える時代が到来したことを
「プロジェクトエコノミーの到来」と表現し話題になっています。

　世界最大のプロジェクトマネジメント協会の元会長 アントニオ・ニ
エト・ロドリゲスが、2021年にハーバードビジネスレビューに投稿し
た記事「The Project Economy Has Arrived」は非常にインパクトがあり
ました。変化の激しい状況下でプロジェクトが急増しており、今後は
プロジェクトを永続的に実施していく時代が到来し、企業が得る収入
はプロジェクトが主となっていくと明確に主張しています。

　例として、ドイツではプロジェクトのGDPに占める比率が伸びてお
り、2019年には全体の約4割を占めるまでになったと紹介しています
（Antonio Nieto-Rodriguez. The Project Economy Has Arrived. Harvard
Business Review. 2021の内容より）。日本における比率を調査すること
は難しいですが、同様の傾向であることは間違いないといえます。

　このようなプロジェクトエコノミーの時代において、必ず考慮しな
ければならないことは、いうまでもなくプロジェクトを如何に成功さ
せるかということになります。

　プロジェクトマネジメントの手法は日本においても普及しています。

21

また、プロジェクトマネジメントの経験豊富なプロジェクトマネージャーも多く、プロジェクトの成功率は以前に比較すると高まっております。ただ、必ずしもプロジェクトが成功しているわけではありません。なぜプロジェクトが成功しないのかその理由について、少しみていきましょう。

SECTION 04

プロジェクトが
成功しないのは何故か

　プロジェクトの成功率について、最近の記事や調査結果などをご覧になっている読者の皆さまも多いと思いますが、以前に比べ確実に向上しているといわれています。プロジェクトマネジメント手法が浸透し、プロジェクトマネジメントの知識と経験を保持する人も増加していますので、成功率が高まっていることは間違いありません。ただ、依然として一定の割合でプロジェクトが失敗に終わることも事実です。プロジェクトが必ずしも成功しない理由としては企業・組織によって様々ですが、ある程度共通した原因として主に以下があるといわれています。

(1) プロジェクトが複雑化している
(2) プロジェクトの目的が明確ではなく経営戦略とずれている
(3) 組織のプロジェクトへの支援が十分ではない

▌▌▌ (1) プロジェクトが複雑化している

　近年、プロジェクトマネジメント手法は、世界標準となっているPMBOK® (Project Management Body Of Knowledge) が日本にもかなり浸透しております。プロジェクトマネジメントの専門知識と経験を持った有資格者である米国PMIが認定するProject Management Professional (PMP)®も日本国内に約43,800人と増加しています（2023年5月末現在、PMI日本支部ニューズレター vol.95より）。また、組織内にPMO（Project Management Office）を設置し、プロジェクトマネジメントの手法を均一化することや、進捗をレビューしプロジェクト

を支援することに力を入れている企業も多く、プロジェクトの実行能力は飛躍的に向上しています。プロジェクト単体のQCDといわれる指標（品質、コスト、納期）を計画通りに達成する精度は高まっています。しかし、プロジェクトも規模が大きくなり複雑化する傾向にあります。また、複数のプロジェクトを同時並行的に実行するケースも多くあります。相互に依存関係がある複数のプロジェクトでは、一つのプロジェクトに何らかの問題が発生すると他のプロジェクトにも影響が出て、計画通り進まない状況に陥ることが少なからずあります。このようなケースでは単体のプロジェクトをマネジメントするだけでは、うまくいかないことになります。

　海外では、複数のプロジェクトを束ねて成果を出す「プログラムマネジメント」という手法が浸透しておりますが、日本では未だ導入している企業は少なく、日本でも積極的に取り入れていく必要があります。プログラムマネジメントについては第3章で解説いたします。

▌▌▌ (2) プロジェクトの目的が明確ではなく経営戦略とずれている

　前述の通り、企業・組織では多くのプロジェクトを実行している状況です。それぞれのプロジェクトでは初期の段階で目的や目標を設定し、計画を立て実行フェーズに入っていきます。ただ、そもそもプロジェクトの目的や目標が、企業の戦略や経営計画にそったものになっていない場合はどのような状況に陥ると想像できますでしょうか。プロジェクトの入口から間違った方向に向かってコストや労力を費やすことになりますので、設定したQCD（品質、コスト、納期）の目標を達成したとしても、無駄に終わることになり、経営側の観点では大きな損失になります。プロジェクト関係者にとっても目標を達成したにも関わらず、企業・組織に貢献できていない結果となります。また、プロジェクトの初期の段階で目的や目標を正しく設定していたとしても、途中で企業・組織の戦略や経営計画の変更が発生した場合はどう

でしょうか。本来であればプロジェクトの目的や目標も途中で何らかの変更が必要となりますが、見直しをせずに当初の設定のまま実行し完了した場合も同じように無駄に終わってしまいます。

　いや決してそんなことはあり得ないと思われる方も多いかもしれませんが、実際には少なからず発生しています。プロジェクトマネジメント協会（PMI）がグローバルレベルで2017年に実施した調査に、プロジェクトが失敗した主な原因があります。この調査では、「プロジェクトのビジョンやゴール設定が不適切であったこと」、「組織の優先順位が変更になったこと」と回答した人の割合が三割から四割あったと報告されています。

　日本においてはどうでしょうか。近年ほとんどの日本企業ではデジタルトランスフォーメーション（DX）の取り組みを実施していますが、この一大プロジェクトの目的が不明確ということはないでしょうか。何のために実施しているのか、そのゴールは何かということが明確になっていて、目的・目標が企業の戦略と整合している必要があります。

　情報処理推進機構（IPA）が公開した「DX白書2023」のアンケート調査結果に、戦略との整合に関するデータがあります。DXに取り組んでいる企業の中で「全社戦略に基づきDXに取組んでいる」、「全社戦略に基づき一部の部門においてDXに取組んでいる」と回答した割合の合計は、日本企業で約54％（米国企業は約68％）という結果になっています（独立行政法人情報処理推進機構. DX白書2023. より）。言い換えれば、戦略と整合していないDXプロジェクトを実施している日本企業が相当数あるということになります。

　戦略と紐づいていないDXプロジェクトを実行し、完了したとしても、本来のDXの目的が達成できず、プロジェクトの成功とはいえない状況に陥ることになります。

（3）組織のプロジェクトへの支援が十分ではない

　プロジェクトの数が急激に増加している状況下で、企業の経営層からのサポートが十分に得られない場合、プロジェクトマネージャーなどプロジェクトを実行する側としては計画通り成功させることは非常に困難になります。プロジェクトへの主なサポートとしてはリソース（人、資金など）の支援があります。人手不足が継続し、限られた優秀な人材がいくつものプロジェクトを掛け持ちするなど、非常に負荷の高い状態が続くことは実際にはよくある話だと思います。このような人材不足等の問題でプロジェクトのリスクが高くなり失敗に終わることもあります。では何故、経営層からのプロジェクトへのサポートが不十分になるのでしょうか。私はその要因の一つに、旧態依然の組織の考え方があると考えています。特に日本企業では従来のオペレーション（定常業務）が主で、プロジェクトは一時的という考え方に基づく組織形態になっていることが多いのではないでしょうか。

　P.27 図表1-4に日本企業におけるプロジェクトを実行する際の組織形態の例を示します。

■ 図表 1-4　プロジェクト実行時の組織形態の例

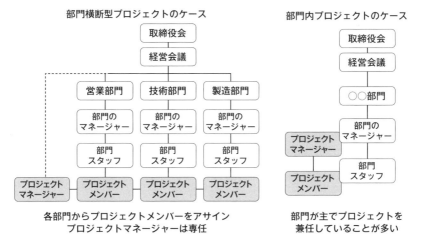

部門横断型プロジェクトのケース

各部門からプロジェクトメンバーをアサイン
プロジェクトマネージャーは専任

部門内プロジェクトのケース

部門が主でプロジェクトを
兼任していることが多い

　部門横断型プロジェクトのケースでは、プロジェクトマネージャーが一時的に専任でアサインされ、プロジェクトメンバーは各部門から数名ずつアサインされるというマトリクス型の形態になります。また、部門内プロジェクトのケースでは、所属部門内でプロジェクトマネージャーとプロジェクトメンバーがアサインされ、この場合は部門のオペレーション（定常業務）と兼任することが多いと思います。両ケースともプロジェクトメンバーは部門とプロジェクトの両方から指示を受けて業務を実施することになります。ただメンバーの管理の主は部門側にあるケースがほとんどではと思います。プロジェクトメンバーの負荷状況の管理（残業等）は、おそらく部門のマネージャーが主導して実施するのではないでしょうか。また、中長期的な人材管理の観点（人材育成、評価、キャリアプランなど）では部門のマネージャーが責任を負い、人事的な権限も部門のマネージャーが持つことが多いと思います。

　このようにプロジェクトを実行する組織の場合でもオペレーション部門が中心となります。

　よって、経営層のプロジェクトへの関心が低くなりがちで、経営や

27

部門側からのプロジェクトへの十分な支援ができていないケースがあると考えられます。これまでのやり方が決して間違っているというわけではなく、プロジェクトが一時的（暫定的）で全体業務において占める割合が低い状況であれば、これまでと同様の考え方で大きな問題はないかもしれませんが、前述の通り変化が激しく、プロジェクトの数が急激に増えプロジェクトエコノミーの到来という状況では、これまでの考え方や組織形態も変更していくことが求められます。

　プロジェクトがうまくいかないのはプロジェクトマネジメントや現場の問題だけではなく、支援が十分ではないことに起因する問題も多くあります。プロジェクトへ投資するのはプロジェクトスポンサーである経営側であり、スポンサーとプロジェクト関係者との間の良好なスポンサーシップ、つまり企業・組織のトップがプロジェクトの重要性を理解し、支援を積極的に実施することが重要となります。

SECTION 05

経営戦略実践の鍵となる
ポートフォリオマネジメント

　目まぐるしい外部環境の変化が発生する状況のなか、企業・組織はビジネスの維持と更なる発展へ向けて、経営戦略に基づき、従来のオペレーションに加え多くのプロジェクトを実行しています。プロジェクトの数が急激に増え、時代はプロジェクトエコノミーに突入していきます。経営戦略の実践においては、経営戦略に基づく正しいプロジェクトを見極めて、確実な支援を実施し、成功に導くことが必須となります。これをすすめていくための有用なマネジメント手法が「ポートフォリオマネジメント」になります。海外では既に浸透しており、欧米をはじめ最近ではインド、中国、中東各国も含め取り入れる企業が増え、プロジェクトを重要な戦略実践のアクションと考え、プロジェクト中心の考え方にシフトしはじめています。日本でも少しずつ普及しはじめておりますが、未だ少ない状況です。この「ポートフォリオマネジメント」を取り入れることが日本企業の競争力強化につながると考えます。

▌▌▌（1）欧米で普及しているポートフォリオマネジメント

　企業・組織の戦略にそった正しいプロジェクトを見極めて実行していく、ポートフォリオマネジメントですが、欧米を中心に普及しており、次のように世界標準や国際規格として定義されております。

①ポートフォリオマネジメント標準（The Standard For Portfolio Management）

　プロジェクトマネジメント協会（Project Management Institute）が、

2005年にポートフォリオマネジメント標準の初版を発行し、その後改訂を重ね、最新版は2017年発行の第4版になっています。

②ポートフォリオのマネジメント（MoP: Management of Portfolios）
　英国商務省（OGC: Office of Government Commerce）がMoPを2011年に発行し、現在はOGCを母体として設立されたAXELOSが版権を持ち普及促進を実施しています。

③ISOの国際規格ポートフォリオマネジメントガイダンス
　国際標準化機構（ISO）は、ポートフォリオマネジメントのガイダンスとして「Project, programme and portfolio management – Guidance on portfolio management」を2015年にISO21504として定義し、2022年にその最新版を発行しています。

　欧米ではこれらの「ポートフォリオマネジメント」の標準書があり、継続的に研究され発展し、企業では経営戦略実践において活用されています。
　第2章でポートフォリオマネジメントの概要を、第3章、第4章では具体的な手法等を、第5章では実践するための組織づくりについて述べておりますので是非参考にして頂ければと思います。

▍▍▍（2）経営の実践度が低いとされている日本

　少し話がそれますが、現在の日本の競争力はどのように評価されているのでしょうか。IMD（国際経営開発研究所）が「世界競争力年鑑」を発行していますが、2022年度版が出た際に日本でも多くのニュースに取り上げられていましたので、皆さまもご覧になったかもしれません。これによりますと、日本の競争力総合順位は63カ国中34位となっています。1989年、1992年のバブル期は1位でしたが、近年の2019

年からは30位台となっています。この競争力の評価は、経済状況、政府効率性、インフラ、ビジネス効率性の観点から実施されていますが、ビジネス効率性の順位は51位となっています。また、ビジネス効率性の評価項目のうちの一つに経営実践（Management Practice）がありますが、この順位はなんと最下位の63位となっています（International Institute for Management Development. IMD WORLD COMPETITIVENESS BOOKLET 2022より）。この結果には、私自身、事業会社の経営に携わっている立場として非常に驚きました。もう少し紐解いてみますと、この経営実践の細かな評価には、次のようなポイントがあります。企業の機敏さ、市場の変化への認識、脅威と機会への迅速な対応、社会における経営者の強い信頼、経営を効果的に監督する取締役会、監査・会計実務、起業家精神、社会的責任などです。それぞれの評価は公表されていませんが、これらの評価が低いという結果は、受けとめなければならないと思っています。

　本書で紹介する「ポートフォリオマネジメント」は、市場の変化を把握して機敏に対応し、既存事業の発展・成長はもとより新たな価値創出へ向けて経営戦略に整合したプロジェクトを実行していくマネジメント手法になりますので、経営実践に関する評価を押し上げることに繋がると確信しております。

▌▌▌（3）ポートフォリオマネジメント導入の見極め

　ポートフォリオマネジメントについて欧米では普及し導入している企業も多いことはお分かりいただけたと思います。では、日本の企業ではどうでしょうか。導入した方が良いのかなど、今ひとつわからないといった読者の皆さまも多いと思います。この後、ポートフォリオマネジメントの概要や具体的な実践手法について、各章で解説していきますが、まず、皆さまが所属されている企業・組織において（またはコンサルタントの方であれば支援している企業・組織において）、次

の各項目（図表 1-5①〜⑧）が当てはまるかどうかをチェックしてみてください。もし複数の項目が該当するようであれば、このあと解説するポートフォリオマネジメントの考え方や実践手法などが必ず役に立つと考えます。では、次の項目をチェックしてみてください。

■ 図表 1-5 ポートフォリオマネジメント導入チェックリスト

チェック	No.	チェック内容
☐	①	最近プロジェクトの数が増加している
☐	②	プロジェクトの投資・回収など、誰がどういった基準で判断（承認）しているか明確ではない
☐	③	実行しているプロジェクトの数、そのステータス、優先順位が明確ではなく誰が全体を管理しているか不明
☐	④	メンバーが多くのプロジェクトに参画しており工数不足に直面している（限られた優秀なメンバーが複数のプロジェクトを掛け持ちしている）
☐	⑤	部門の壁があり（縦割り等）、組織横断的な課題に対するプロジェクトを実行する場合の障壁がある
☐	⑥	自分が関わっているプロジェクトの成果が企業組織の目標にどう貢献しているか明確ではない
☐	⑦	プロジェクトが計画通り進捗せず成果が出ないことがわかっても途中で中止することは稀である
☐	⑧	トップ（役員など）がプロジェクトスポンサーとなっているが、プロジェクトへの関心があまりない

　皆さま、いくつ当てはまりましたでしょうか。私がポートフォリオマネジメントのセミナーの講師をつとめた際に、このチェックをセミナーの受講者に実施いただきました。

　参加者は数十名で、比較的大企業やコンサルタント企業にお勤めの方が多かったのですが、四つ、五つの複数の項目にチェックされた方が6割〜7割程度いらっしゃいました。どの項目も満遍なくチェックされていましたが、比較的チェックの多かったものは、③、④、⑤、⑦という状況でした。皆さまはいかがでしたでしょうか。多くの方が、複数の項目にチェックされたのではないかと思います。

　是非この後の各章をお読みいただき、「ポートフォリオマネジメント」の概要やその実践手法を把握し役立てていただければ幸いです。

CHAPTER

02

ポートフォリオ
マネジメントの概要

SECTION 01 ポートフォリオ マネジメントとは

　多くの企業において、ビジョンやミッションをもとに経営戦略と目標を掲げ、中長期の経営計画を立て、その計画を達成するための活動を実施しています。具体的な活動としては事業部門におけるオペレーション（定常業務）に加えプロジェクトなどを立ち上げて実行しています。

　図表2-1にポートフォリオマネジメントの位置づけを示します。

■ 図表2-1　ポートフォリオマネジメントの位置づけ

```
┌─────────────────────────────┐
│      企業のビジョン・ミッション      │
├─────────────────────────────┤
│            経営戦略             │
├─────────────────────────────┤
│   経営計画・経営目標（指標）      │
└─────────────────────────────┘
            ↕ 戦略との整合、目標の達成

┌─────────────────────────────┐
│     ポートフォリオマネジメント      │
└─────────────────────────────┘
    ↕         成果を得るために、        ↕
          資源等のバランス調整等

┌──────────────┬──────────────┐
│ プロジェクト活動 │   事業部門   │
│              │ オペレーション │
│  成果を向上   │  （定常業務）  │
│ 新たな成果を創出 │  成果を創出   │
├──────────────┴──────────────┤
│ 企業・組織の資源、ステークホルダー │
└─────────────────────────────┘
```

　ポートフォリオマネジメントは、企業・組織の経営戦略・経営計画と、計画達成のための活動（事業部門のオペレーション（定常業務）やプロジェクト活動）との間に位置づけられます。これらの活動を経

営戦略・計画に整合したものとし、各活動から成果を得て、経営計画の目標を達成していくためのマネジメント手法になります。

　事業部門のオペレーション（定常業務）からの成果に加え、プロジェクト活動からの成果（これまでにない新たな成果を創出することや、既存の成果をさらに向上させることなど）があり、両方の活動にバランスよく企業・組織の資源を投入することで、目標を達成していきます。

「ポートフォリオマネジメント」についての世界標準が発行されていることは、第1章で紹介しましたが、世界標準化機構のISO21504 (2022)、プロジェクトマネジメント協会 (Project Management Institute) の「ポートフォリオマネジメント標準」(The Standard For Portfolio Management)、OGC（AXELOS）の「Management of Portfolios」がそれぞれ「ポートフォリオマネジメント」の定義をしております。表現は異なるものの内容は類似しております。これらの内容をもとに表現すると次のようにいい表せますでしょうか。

> ポートフォリオマネジメントとは、戦略目標を達成するために実施するプロジェクト等の活動をポートフォリオとしてとりまとめ、その価値を創出することにより戦略目標の達成を実現していくものである

SECTION 02 ポートフォリオの構成要素 （ポートフォリオコンポーネント）

　ポートフォリオは、戦略目標を達成するための構成要素であるプロジェクト、プログラムの集合になります。定常業務であるオペレーションを構成に入れる場合もあります。構成要素のプロジェクト、プログラムはポートフォリオ・コンポーネントと呼び、戦略目標を達成するための個々の活動を意味します。プログラムは、個別のプロジェクトだけでは得ることが出来ない成果を出すために複数のプロジェクトを束ねた集合（グループ）になります。

　ポートフォリオの内容により、構成されるポートフォリオコンポーネントは様々ですが、図表2-2のように複数のコンポーネントで構成されます。

■ 図表2-2　ポートフォリオ構成の例

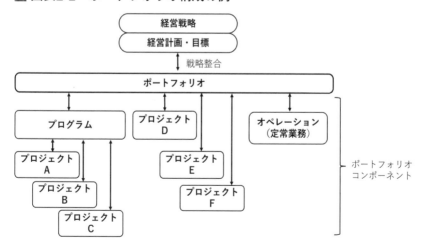

　この例ですと、ポートフォリオコンポーネントとして、一つのプロ

グラム（三つのプロジェクトで構成）と三つのプロジェクト、及びオペレーション（定常業務）が含まれております。それぞれのコンポーネントは関連せず相互依存関係もない場合もありますが、共通しているのは、個々のコンポーネントは、経営戦略・計画の目標を達成するために有用な活動という点です。これらの活動がポートフォリオとしてグループ化され、個々のコンポーネントの成果を通して目標を達成していくことになります。

　言い換えれば、経営戦略と整合しておらず、目標の達成に効果のないコンポーネントは含まないことになります。もし、戦略と整合していないコンポーネント（プログラムやプロジェクト）を実施している場合は、見直しや中止するという判断をすることになります。

　ここで今一度、ポートフォリオと、ポートフォリオのコンポーネントであるプログラム、プロジェクトの定義をおさらいしておきましょう。図表2-3ポートフォリオ・プログラム・プロジェクトの比較をご覧ください。

■ 図表2-3　ポートフォリオ・プログラム・プロジェクトの比較

| | ポートフォリオ | ポートフォリオコンポーネント | |
		プログラム	プロジェクト
定義	経営戦略・経営計画の目標を達成するためにグループ化されたポートフォリオコンポーネントの集合	個別のコンポーネントだけでは成果を得ることができない目標に対し、複数のコンポーネントをまとめて成果をあげる場合のコンポーネントの集合	独自のプロダクト、サービス、成果などを創造するために実施される有期性のある活動

ポートフォリオ
マネジメントの全体概要

　ここまで、ポートフォリオマネジメントの位置づけと構成について述べましたが、次に全体の概要をみていきます。P.39 図表2-4をご覧ください。一連の流れとしては、①経営戦略、経営計画を把握し、②外部環境や内部環境の変化などの評価を実施した上で、③ポートフォリオの計画を策定します。経営戦略と整合のとれたコンポーネント（プロジェクト、プログラムなど）を定義・決定、場合によっては見直しを実施していきます。④各ポートフォリオの構成要素であるコンポーネント（プロジェクトやプログラム）の実行により創出される成果を確認し、⑤ポートフォリオの価値として管理し、経営戦略・計画の目標にどう貢献しているかを確認します。

　このような一連の流れでポートフォリオマネジメントを実行していきます。

　ここで言葉の定義をしておきます。成果と価値という二つの似た言葉があり、また世界標準等でもアウトカム、バリュー、ベネフォットなど同じような意味の言葉が出てきます。本書では以下のとおり、成果と価値という表現に統一し用います。

　成果は、経営戦略・経営計画と整合のとれたポートフォリオコンポーネント活動から得たもので、プロジェクトの成果、プログラムの成果というように表現します。

　価値は、ポートフォリオコンポーネントから創出された成果をとりまとめたもので、ポートフォリオとして創出される経営戦略・経営計画の達成に貢献する価値を意味します。ポートフォリオの価値というように表現します。

■ 図表2-4　ポートフォリオマネジメントの全体概要

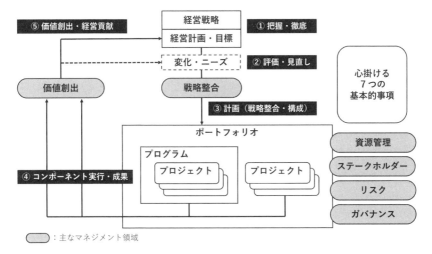

：主なマネジメント領域

　次に、ポートフォリオマネジメントの実行における、それぞれの活動について解説していきます。

ポートフォリオマネジメント実行における活動

　全体概要にて一連の流れについて紹介しましたが、その詳細を説明します。ポートフォリオマネジメントを経営戦略や経営計画にそった内容で実行していき、ポートフォリオの価値を得るために、連続的な時間軸の中で実施する主な活動があります。図表2-5に記載の(1)から(5)の活動になりますが、それぞれの活動内容とそのアウトプット（ドキュメント等）について解説します。

■ 図表2-5　ポートフォリオマネジメントのフローとアウトプット

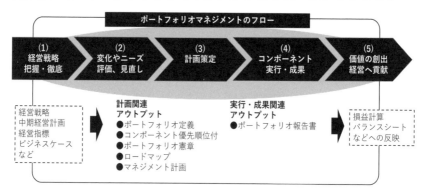

(1) 経営戦略の把握、徹底

　まず、最初に実施すべきことでかつ重要なことは、企業・組織における経営戦略や経営計画を把握することになります。経営戦略内容はもとより企業・組織が立てている経営計画の目標（経営指標など）を必ず確認します。また、これらをポートフォリオに関わる全メンバー

に徹底します。ポートフォリオマネジメントの全ての活動は、経営戦略や経営計画との整合がとれていることが必須となるため、これは大前提となります。

▍▍▍（2）変化やニーズの評価、見直し

　この活動は、(1)の次に記載していますが、必要な時に随時実施します。経営戦略、経営計画や経営指標を理解したうえで、ポートフォリオの計画を策定していきますが、変化が激しい状況下で、経営計画なども変更となる場合があります。また、ポートフォリオマネジメントを実行した結果、ポートフォリオの価値が計画どおりに創出されないこともあります。外部環境や内部環境の変化をいち早く捉えて計画を修正していくことを実施していきます。必要に応じてポートフォリオコンポーネントを見直し、その資源を優先順位の高い他のコンポーネントへ割り当てることなど、資源の見直しや再配分が必要になるケースもあります。これらは(3)の計画策定の活動と連動して実施していくことになります。

▍▍▍（3）計画策定

　ポートフォリオの計画を策定します。この計画は多岐に渡りますが、ポートフォリオマネジメントを実行するにあたっては、いつでもこの計画に立ち返って判断することが必要となるため非常に重要となります。ポートフォリオの戦略や目標、期待される価値、ポートフォリオコンポーネントの特定、ステークホルダーの定義や役割設定などをポートフォリオ憲章にまとめ、ポートフォリオコンポーネントの内容をポートフォリオ定義にまとめます。コンポーネントの優先順位付けの基準や方法も明確にしておきます。コンポーネントのスケジュールや相互依存関係などをロードマップとして記載しておくことも必要です。

また、ポートフォリオコンポーネントへ配分する資源（予算等）計画、リスクと課題（対応計画含む）、ステークホルダーのエンゲージメント計画、ガバナンス計画などを明確にし、マネジメント計画にまとめます。

　これらのアウトプット（ドキュメント等）内容の例を図表2-6に示します。

■ **図表2-6　ポートフォリオの計画策定における主なアウトプット**

主なアウトプット	主な記載内容（例）
ポートフォリオ憲章	ポートフォリオを正式に承認するための文書で、ポートフォリオの目的、創出する価値の目標、ハイレベルのスケジュール、ポートフォリオコンポーネント、特定したステークホルダーなど
ポートフォリオ定義	ポートフォリオに含まれるコンポーネント（プログラム、プロジェクトなど）の構成。各コンポーネントのスケジュール、資源、成果を含む一覧など
コンポーネント優先順位付基準	経営戦略と整合したポートフォリオの戦略や目標、成果を達成するためのコンポーネントの選択、優先順位決定の考え方など
ポートフォリオ・ロードマップ	ポートフォリオコンポーネント一覧、主なマイルストーンと成果、コンポーネント間の依存関係など
マネジメント計画	ポートフォリオコンポーネントの実行、監視、管理に関する計画を記載する。ガバナンスモデル、リスクマネジメント計画、各コンポーネントから得られる成果の測定・監視・報告、ステークホルダーとのコミュニケーションマネジメント計画、資源管理など

▌▌▌（4）コンポーネントの実行、成果を得る

　ポートフォリオコンポーネント（プログラム、プロジェクトなど）は、プログラムマネージャーやプロジェクトマネージャーがリードして実行し、ポートフォリオコンポーネントが円滑に遂行し成果が得られるように支援します。ポートフォリオコンポーネントが抱えるリスクや課題を把握し、特に相互依存がある場合はポートフォリオ全体への影響が考えられるため、ポートフォリオコンポーネントが抱えるリスクを回避させたり課題解決を支援します。また、ポートフォリオコンポーネントの状況把握のため、定期的なレビューを実施します。ポ

ートフォリオコンポーネントからの成果創出の見込みを監視し、これらの情報をポートフォリオ報告書（図表2-7参照）としてとりまとめ、ステークホルダーへの状況報告を適宜実施します。

■ 図表2-7　コンポーネントの実行、成果における主なアウトプット

主なアウトプット	主な記載内容（例）
ポートフォリオ報告書	ポートフォリオコンポーネントから得られる成果より、ポートフォリオの価値の見通しに関する情報をまとめたもの。リスク状況とリスク発生時の価値への影響、価値を実現するために必要となるコスト（コスト変動）、達成された価値などを含む

(5) 価値の創出（経営への貢献）

　ポートフォリオコンポーネントから得られる成果を取りまとめたポートフォリオ報告書をもとに、ポートフォリオの経営計画指標への貢献度合いを明確にします。例えば、ポートフォリオの価値が経営指標の売上高や営業利益率などにどう貢献したかなどです。これらは事業における損益計算書やバランスシートなどに影響を与えます。

　以上、ポートフォリオマネジメント実行における活動を、主なアウトプットを含め解説しました。次に、ポートフォリオマネジメント実行において心掛ける基本的事項を説明した後、各活動において取り組む主なマネジメント領域を説明します。

SECTION 05 心掛ける七つの 基本的事項

　ポートフォリオマネジメントを実行するにあたって、考慮すべき基本的な原則については、PMI（Project Management Institute）、OGC（AXELOS）、ISO21504が発行しているそれぞれの標準書に、表現は様々ですが図表2-8のとおり関連の記載があります。同じ主旨の共通している内容をまとめたものが、ポートフォリオマネジメント実行にあたって「心掛ける七つの基本的事項」です。

■ 図表2-8　心掛ける七つの基本的事項

心掛ける基本的事項	ポートフォリオマネジメントの世界標準における関連内容の記載有無		
	Project Management Institute の標準（*1）	OGC (AXELOS) の標準（*2）	ISO 21504（*3）
1　戦略と整合したプロジェクトに投資する	○	○	○
2　組織の資源を管理する	○	―	○
3　ステークホルダーと良好な関係を維持し支援を得る	○	○	○
4　プロジェクトの活動状況・成果を可視化し共有する	○	―	○
5　投資に対する価値創出を最大化する	○	―	○
6　変化に機敏に対応する	○	○	―
7　有効なガバナンスを確立する	○	○	―

○：関連の記載あり
（*1）The Standard for Portfolio Management - Fourth Edition
（*2）Management of Portfolios (MOP)
（*3）Project, programme and portfolio management - Guidance on portfolio management - Second edition

（1）戦略と整合したプロジェクトに投資する

　経営戦略を実践することに万全を期し、戦略にそったポートフォリオの構成要素（プロジェクトやプログラム）の優先順位付けをし、必

要なものを選択し投資するよう努める。

（2）組織の資源を管理する

　ポートフォリオを実行するにあたって、最適な資源の配分を実施することを心掛ける。必要となる人、資本、機器等の資源の保有（量）と、保持する資源の能力（質）を管理し、需要と供給のバランスをとり最適化するよう努める。

（3）ステークホルダーと良好な関係を維持し支援を得る

　ステークホルダーを特定、期待を把握し、適切なコミュニケーションをとり良好な関係を維持する。経営層や主要なステークホルダーにポートフォリオへの関与を促し、必要な支援が得られるよう努める。

（4）プロジェクトの活動状況・成果を可視化し共有する

　ポートフォリオの構成要素（プロジェクトやプログラム）の進捗や成果を見える化し、透明性を担保し必要なタイミングでステークホルダーに共有するよう努める。

（5）投資に対する価値創出を最大化する

　不確実性が高く複雑な状況においても価値を確実に得られるようポートフォリオの構成要素（プロジェクトやプログラム）を決め、それらへの投資に対しポートフォリオの価値を最大限得られるように努める。

（6）変化に機敏に対応する

　変化が激しい状況下で、外部環境や内部環境の変化を迅速に捉えて、ポートフォリオへの影響やリスクを評価する。必要に応じポートフォリオの構成要素を見直し、価値の維持、拡大に努める。

（7）有効なガバナンスを確立する

　基本的な規律、ルールに基づき、プロセス（監督、意思決定、役割
など）やガバナンスを機能・支援するための組織を確立し、ポートフ
ォリオマネジメントの活動が正しく実行されるよう努める。

　以上の七つの心掛ける基本的事項は、組織におけるポートフォリオ
マネジメントに関わる全ての人が認識し、常にこの基本的事項をもと
に判断、行動し、経営戦略目標・経営計画達成のために尽力していく
ものになります。
　次に、ポートフォリオマネジメントで取り組む主なマネジメント領
域をみていきましょう。

SECTION 06 主なマネジメント領域

　企業・組織の経営戦略や経営計画を達成するために、ポートフォリオマネジメントの活動を実施していくわけですが、それにあたっては、何をどのようにマネジメントしていけば良いかを把握することが重要です。ポートフォリオマネジメントにおける、主に取り組むべきマネジメント領域がありますので（図表2-9参照）その内容を説明します。

■ 図表2-9　ポートフォリオの主なマネジメント領域

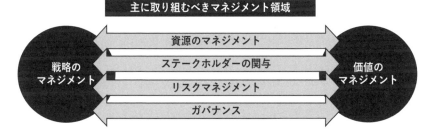

「戦略との整合」を確実にし「価値を創出」するための主なマネジメント領域

　経営戦略との整合を確実にする「戦略のマネジメント」と、経営戦略に整合したポートフォリオからの価値を創出する「価値のマネジメント」が最も重要で、いわばこの二つはポートフォリオマネジメントの両輪です。加えて四つのマネジメント領域があります。企業・組織の保持する「資源のマネジメント」、ポートフォリオのステークホルダーから支援を得るための「ステークホルダーの関与」、ポートフォリオのリスクを把握し対処する「リスクマネジメント」、およびポートフォリオの一連の活動を通して確立する「ガバナンス」になります。各マネジメント領域では、前述した心掛ける基本的事項を考慮してマネジ

メントしていきます。順に説明いたします。

（1）戦略のマネジメント

　最も重要でかつ確実に実施していく必要があるマネジメント領域が「戦略のマネジメント」になります。簡潔に表現すると図表2-10のとおりです。

■ 図表2-10　戦略のマネジメント

戦略のマネジメント		
目的：何のために（Why）	何を（What）	どのようにする（How）
経営戦略・経営計画を達成するために	ポートフォリオコンポーネントの成果、ポートフォリオの価値を	経営戦略・経営計画の目標に紐づくようにする
心掛ける基本的事項		
• 戦略と整合したプロジェクトに投資する • 変化に機敏に対応する		

　つまり、ポートフォリオにおけるプロジェクト、プログラムなどの活動について、常に経営戦略と整合がとれている状態を保ち、それらの成果が経営戦略・経営計画の目標に貢献できるようにマネジメントしていくことになります。この「戦略のマネジメント」は、主にポートフォリオの計画策定時に実施しますが、外部や内部環境の変化による戦略変更への対応など、実行や成果、価値創出時などを含め、常に戦略整合を保つようにポートフォリオの見直し・修正を実施していくことも必要となります。

　戦略のマネジメントにおいて実施する主な内容は次の五つになります。

①ポートフォリオの計画を立てる
②経営戦略にそったコンポーネントを見極める

③ポートフォリオの活動・体制を正式化する

④ポートフォリオロードマップを作成する

⑤戦略変更時の対応を実施する

①ポートフォリオの計画を立てる

　企業・組織の経営戦略、経営計画、現状の業務やプロジェクト活動などの情報に基づき、分析・検討をし、ポートフォリオの計画を決めます。決めた計画は各ドキュメントに落とし込みます。計画策定時の手順（例）を図表2-11に示します。

■ 図表2-11　ポートフォリオの計画策定手順（例）

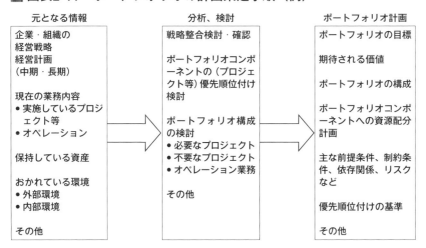

②経営戦略にそったコンポーネントを見極める

　戦略のマネジメントにおける、分析・検討では、経営戦略との整合の観点でポートフォリオの構成を検討することが非常に重要になります。経営戦略や経営計画に貢献できるポートフォリオコンポーネント（プロジェクト等）を見極め投資する、貢献しないものは止めることを含め検討します。プロジェクトに期待される投資収益率（ROI）や、企業・組織における経営計画の目標・指標（売上、利益に加え近年で

はキャッシュフローや稼ぐ力を測るROICなど）に対する貢献度合いなどを検討し、適切な（正しい）プロジェクトを取捨選択します。

　この活動はポートフォリオマネジメントのいわば肝になる部分です。第4章で手法などを詳しく解説します。

③ポートフォリオの活動・体制を正式化する

　ポートフォリオ計画にて、経営戦略・経営計画に整合した目標や構成を決めた後に、そのポートフォリオを企業・組織における公式の活動として正式に決定します。

　また、ポートフォリオをリードするポートフォリオマネージャーなどの体制を決定します。

　これらの正式化にあたっては、公式文書としてポートフォリオ憲章を作成し、企業・組織の経営層からの承認を得ます。ポートフォリオ憲章の作成手順（例）を図表2-12に示します。

■ 図表2-12　ポートフォリオ憲章の作成手順（例）

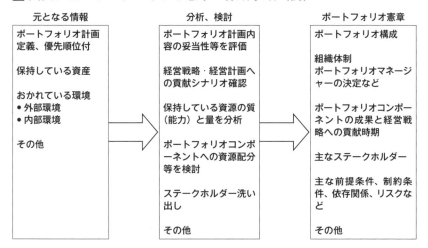

元となる情報	分析、検討	ポートフォリオ憲章
ポートフォリオ計画定義、優先順位付 保持している資産 おかれている環境 ● 外部環境 ● 内部環境 その他	ポートフォリオ計画内容の妥当性等を評価 経営戦略・経営計画への貢献シナリオ確認 保持している資源の質（能力）と量を分析 ポートフォリオコンポーネントへの資源配分等を検討 ステークホルダー洗い出し その他	ポートフォリオ構成 組織体制 ポートフォリオマネージャーの決定など ポートフォリオコンポーネントの成果と経営戦略への貢献時期 主なステークホルダー 主な前提条件、制約条件、依存関係、リスクなど その他

④ポートフォリオロードマップを作成する

　ポートフォリオロードマップは、ポートフォリオ計画で選定したポートフォリオコンポーネントが、いつどのように経営戦略・経営計画に貢献するかの概要を視覚的に表現するものです。ポートフォリオ計画やポートフォリオ憲章の内容をもとに、ポートフォリオコンポーネントの依存関係や優先順位などを分析しポートフォリオロードマップを作成します。初期の段階ではハイレベルに記載しておき後に詳細化することや、ポートフォリオコンポーネントの追加や中止などにあわせて必要に応じ更新していきます。

　ポートフォリオロードマップには、ポートフォリオコンポーネントの一覧、依存関係、成果を得るタイミングをわかるように記載します。ポートフォリオロードマップの作成手順の例を図表2-13に示します。

■ 図表2-13　ポートフォリオロードマップの作成手順（例）

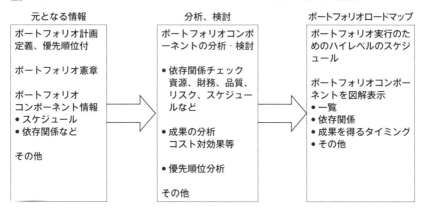

　ポートフォリオロードマップの例を、P.52 図表2-14に示します。

図表2-14　ポートフォリオロードマップ（例）

ポートフォリオ	ポートフォリオコンポーネント	達成目標（成果）	経営計画（中期：3か年）スケジュール											
			2021				2022				2023			
			1Q	2Q	3Q	4Q	1Q	2Q	3Q	4Q	1Q	2Q	3Q	4Q
既存事業Aのポートフォリオ	ABC Project	売上 X%アップ												
	XYZ Project	コスト X%JPY削減												
	DDD Project	営業利益 X%アップ												
	ZZZ Project	棚卸資産回転率 X%向上												
	・ ・ ・													
	オペレーション（定常業務）	売上X% 利益X%												

→ = 依存関係　　△ = 成果創出

　この例のように、それぞれのポートフォリオコンポーネント（プロジェクト）が経営計画のどのタイミングで成果を創出するのか、プロジェクト間の依存関係など、ハイレベルに把握できるように記載します。またこの例では時間軸を四半期ごとに記載していますが、月単位で記載するなど企業・組織の管理するレベルにあわせます。

⑤戦略変更時の対応を実施する

　外部環境の影響により経営戦略の変更が発生し、ポートフォリオの目標も変更する必要がでるなど、常に戦略の変更を考慮し変化が発生した場合は迅速に対応していく必要があります。

　ポートフォリオの活動を通して必要に応じ、ポートフォリオ計画、ポートフォリオ憲章、ポートフォリオロードマップの内容を、戦略変更の状況にあわせて更新していくことになります。どのように変更が必要となるかは、ギャップ分析やステークホルダー分析などを実施し判断していくことになります。ギャップ分析では、変更となった戦略と、現状のポートフォリオ戦略のギャップを把握し、戦略変更に応じ優先順位の見直し、適正なポートフォリオコンポーネントの再選定などを分析します。ステークホルダー分析では、戦略変更に伴うステー

52

クホルダーの期待や要求事項を確認し分析します。当初立てた計画に捉われることなく、必要に応じ迅速に対応していくことが求められます。

戦略変更に伴う対応手順の例を図表2-15に示します。

■ 図表2-15　戦略変更に伴う対応手順（例）

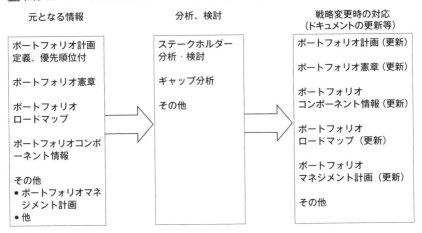

元となる情報	分析、検討	戦略変更時の対応 （ドキュメントの更新等）
ポートフォリオ計画 定義、優先順位付 ポートフォリオ憲章 ポートフォリオ ロードマップ ポートフォリオコンポ ーネント情報 その他 ● ポートフォリオマネ 　ジメント計画 ● 他	ステークホルダー 分析・検討 ギャップ分析 その他	ポートフォリオ計画（更新） ポートフォリオ憲章（更新） ポートフォリオ コンポーネント情報（更新） ポートフォリオ ロードマップ（更新） ポートフォリオ マネジメント計画（更新） その他

(2) 価値のマネジメント

戦略マネジメントに加えもう一つ重要かつ確実に実施していく必要があるマネジメント領域が、「価値のマネジメント」になります。簡潔に表現するとP.54 図表2-16のとおりです。

■図表2-16　価値のマネジメント

価値のマネジメント		
目的：何のために（Why）	何を（What）	どのようにする（How）
経営戦略・経営計画の目標を達成するために	経営戦略・経営計画に整合したポートフォリオコンポーネントの成果、およびポートフォリオの価値を	測定・可視化・報告し、ポートフォリオの価値を最大化するよう務める
心掛ける基本的事項		
• 戦略と整合したプロジェクトに投資する • プロジェクトの活動状況、成果を可視化し共有する • 投資に対する価値創出を最大化する		

　価値のマネジメントは、主にポートフォリオコンポーネント（プロジェクトやプログラム）を実行し成果を得る際に、その成果およびポートフォリオが創出する価値を可視化し、価値を最大化することに努め、経営戦略・経営計画の目標達成に貢献していくものです。

　価値のマネジメントにおいて主に実施する内容は次の三つになります。

①ポートフォリオの価値を明確にする
②ポートフォリオの価値を創出し最大化する
③ポートフォリオの価値を測定し報告する

①ポートフォリオの価値を明確にする

　ポートフォリオが創出する価値については、経営戦略・経営計画の目標に貢献するもの、つまり経営戦略・経営計画の目標と整合がとれており、ポートフォリオの主要なステークホルダーの期待にそったものである必要があります。よってポートフォリオの価値はどう経営に貢献したかを定量的に測定できるものとすることが重要です。売上、利益など経営計画の指標にどう貢献したかであれば明確ですが、例えば企業ブランドの知名度向上、顧客満足度向上、企業・組織の評判な

ど、直接測定が難しいものもあります。これらに対する価値については、間接的な指標を設定するなど工夫が必要となります。顧客満足度であればNPS（Net Promoter Score）を採用することや、知名度や組織の評判などはサーベイを実施して結果を分析することなどの工夫です。近年の企業の社会的責任（Corporate Social Responsibility）、SDGsなどの企業目標においても具体的な指標に落とし込むことが必要になります。

　皆さまも聞かれたことがあると思いますが、SMARTというガイドラインを用いて目標を設定していくなど、達成すべき価値を明確にします。

＜SMARTガイドライン＞（以下の頭文字をとってSMARTと呼ばれている）

- Specific（具体的）：実現する価値が何かを明確にして目標を設定する
- Measurable（測定可能）：定量的に測定可能な価値を目標として設定する
- Achievable（達成可能）：達成可能な価値を目標とし設定する
- Realistic（現実的）：実現は決して不可能ではない価値を目標として設定する
- Time bound（期限付）：価値を創出する時期や期限を明確にして目標を設定する

②ポートフォリオの価値を創出し最大化する

　ポートフォリオの価値は、それを構成するプロジェクトなどのポートフォリオコンポーネントが創出する成果から得られます。よって、ポートフォリオロードマップの情報や、ポートフォリオコンポーネントへの投資内容をもとに、いつどのくらいポートフォリオの価値を創出できるか、またそれを最大化することができるかを分析・検討します。ポートフォリオの価値創出の例をP.56 図表2-17に示します。

■ 図表2-17　ポートフォリオ価値の創出（例）

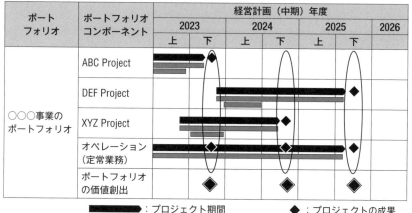

　：プロジェクト期間　　　　◆：プロジェクトの成果
　：プロジェクトへの資源配分　◆：ポートフォリオの価値

　ポートフォリオコンポーネント（各プロジェクトとオペレーション）には成果を得るために適切な資源が配分されます。この例では、ポートフォリオの価値は、ABCプロジェクト、DEFプロジェクト、XYZプロジェクト、およびオペレーション（定常業務）の成果から創出され、経営計画（中期）の各年度にこれらの成果を統合するかたちでポートフォリオの価値が創出されます。

　各ポートフォリオコンポーネントの実行状況や依存関係の変化などにより、ポートフォリオコンポーネント（プロジェクト等）から得られる成果は変動しますので、その変化にあわせてポートフォリオの価値を当初の計画通り達成できるかどうかや、さらに超過できるかなどを随時分析し検討していくことになります。

＜検討事項＞

• ポートフォリオコンポーネント単体の成果を最大化することが可能かを検討する
• ポートフォリオコンポーネントへの投資と成果とのバランスを調整する

- ポートフォリオレベルの観点で、各コンポーネント間の依存関係や状況を確認のうえ、資源の再配分や最適化を検討する
- 外部環境や内部環境などの変化が発生した場合に、リスクを考慮のうえ、ポートフォリオコンポーネントの見直しや追加を検討する

　ポートフォリオの価値を最大化するにあたっては、これらのことを検討し必要となるアクションをとっていきます。

③ポートフォリオの価値を測定し報告する

　ポートフォリオコンポーネントの実行フェーズに入ると、成果およびポートフォリオの価値を定期的に測定し、その測定結果を主なステークホルダーの期待に応えるよう報告をします。報告にあたってはポートフォリオを構成するすべてのポートフォリオコンポーネントの成果を収集しポートフォリオ報告書にまとめます。報告書に記載する主な内容は次のとおりです。

＜主な報告内容＞
- 各ポートフォリオコンポーネントの成果実績と今後の見通し（リスク含む）
- 各ポートフォリオコンポーネントへの投資（コスト等）の状況
- ポートフォリオ価値の変動（計画との差異）があればその内容と理由
- ポートフォリオの価値実績と今後の見通し（リスク含む）

▌▌▌(3) 資源のマネジメント

　ここまで、「戦略のマネジメント」と「価値のマネジメント」が重要なマネジメント領域であることを説明しました。これらを確実に実施するためには企業・組織が保持する資源を適切にポートフォリオに配

分することが必要になります。「資源のマネジメント」を簡潔に表現すると図表2-18のとおりです。

■ 図表2-18　資源のマネジメント

資源のマネジメント		
目的：何のために（Why）	何を（What）	どのようにする（How）
ポートフォリオの価値創出を確実にするために	企業組織が保持する資源の量と質（能力）を把握し、その資源を	必要となるポートフォリオコンポーネントに適切に配分する
心掛ける基本的事項		
• 組織の資源を管理する • 戦略と整合したプロジェクトに投資する		

　資源のマネジメントは、ポートフォリオ実行の支援において資源の量と質をマネジメントします。つまり、人・資本・機器等の資源について、どのような種類のものがどのくらい（量）、いつ必要かを特定し、ポートフォリオコンポーネントへの資源の配分を最適化する（資源の利用率を最大化し資源のコンフリクトを最小にする）ことを実施していきます（量のマネジメント）。また、資源の属性、コンピテンス、スキルなどの側面から保持する資源の能力を把握・管理し、その向上に努めることが必要となります（質のマネジメント）。P.59 図表2-19を参照ください。

　資源のマネジメントにおいて主に実施する内容は次の四つになります。

①資源計画を策定する
②資源を監視する
③保持する資源の能力を評価する
④保持する資源の能力を維持・開発する

■ 図表2-19　資源のマネジメント概要

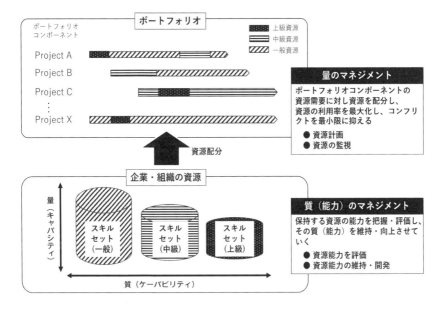

　まず、量のマネジメントに関する主な活動としては、資源計画の策定と、資源の監視があります。

①資源計画を策定する
　保持する資源、資源の需要を把握し資源計画を策定します。

●保持する資源を調査・分析し把握する
　まず保持する資源を分析し把握することが必要です。資源には、人的資源、財務的資本（資金）、設備資産（機械、設備などの物理的資産）があり、それぞれの能力とキャパシティ（量）を調査・分析し把握します。

●資源の需要を把握する
　次に、ポートフォリオ構成に含まれるポートフォリオコンポーネン

ト（プロジェクトなど）を確認し、各ポートフォリオコンポーネントに必要となる資源の種類、量、タイミングを明確にします。

●資源計画を策定する

上記の通り、保持する資源とポートフォリオコンポーネントの需要を把握し、その優先順位や、リスクを考慮したうえで、資源配分についての計画を策定します。

また、新たな法規制など必ず実施が必要となる突発的な（計画外の）ポートフォリオコンポーネント向けのコンティンジェンシー予備なども、計画策定時に考慮しておくことも必要になります。

②資源を監視する

資源配分後も継続的に需要と供給の状況を確認し、資源の利用状況を常に監視します。

●利用状況の監視

割り当てた資源の利用状況を監視し、利用率を最大化すること（利用していない資源を最小化する）

●最適化を追求

需要に適した資源（能力の高い資源）を増やし、資源のコンフリクトを最小限に抑えることなど、資源の最適化を常に追求していきます。

質（能力）のマネジメントの主な活動は、組織が保持する資源の質（能力）を評価することと、その能力を維持し継続的に開発することがあります。

③保持する資源の能力を評価する

　組織が保持する資源（人的資源、設備資産など）がどのくらいの能力を有しているか、不足している能力は何かを評価し把握しておくようにします。ポートフォリオコンポーネントの需要に対応できる能力があるかという観点でチェックします。人的資源の場合は、ポートフォリオコンポーネント（プロジェクトなど）にアサインするプロジェクトマネージャーやメンバーのスキル、特定分野の専門家が保持するスキルなどを評価します。設備資産の場合は、例えばプロジェクトを遂行するうえで必要となるソフトウエアや、ITシステムなどの能力（備える機能）をチェックし評価します。

④保持する資源の能力を維持・開発する

　ポートフォリオコンポーネントに配分する資源の能力を継続的に維持することはもちろん、不足している能力を補填していくことや、新たな能力を開発していくことは常に実施していかねばなりません。また、不足に対する補填や新たな能力を保持することにおいては、内部資源だけではなく、必要に応じ外部から調達することも含め検討します。

▌▌▌（4）ステークホルダーの関与

　次に「ステークホルダーの関与」について説明します。

　ポートフォリオのステークホルダーとは、それに関わる利害関係者になります。ポートフォリオの活動や価値に影響を受ける、または影響を及ぼす可能性のある個人、組織、グループなどです。ポートフォリオのステークホルダーをエンゲージメントする、つまりポートフォリオのステークホルダーを特定、分析し、巻き込んでポートフォリオを実行するうえでの支援者になってもらうことを実施していきます。以前はステークホルダーマネジメントという表現が使われていました

が、利害関係者をマネジメントすることではなく、ポートフォリオに関心を持ってもらい協力・支援してもらうという意味合いが強いので関与（エンゲージメント）という表現を使うようになりました。

「ステークホルダーの関与」を簡潔に表現すると図表2-20のとおりです。

■ 図表2-20　ステークホルダーの関与

ステークホルダーの関与		
目的：何のために（Why）	何を（What）	どのようにする（How）
ポートフォリオの価値創出を確実にするために	ポートフォリオのステークホルダーを特定・分析・期待を把握し、そのステークホルダーを	巻き込んで（関与してもらい）、ステークホルダーからの支援・協力を得る
心掛ける基本的事項		
・ステークホルダーと良好な関係を維持し支援を得る ・プロジェクトの活動状況・成果を可視化し共有する		

ポートフォリオのステークホルダーは、どのような人やグループなのかについて少し考えてみましょう。ポートフォリオは企業・組織の戦略と整合した活動となります。よって、プロジェクト等で活動するレベルというよりも、どちらかというと戦略的レベルで活動する関係者が多くなる傾向にあります。次のステークホルダーをイメージするとわかりやすいでしょうか。

＜ステークホルダー例＞
• 企業・組織の役員
• 部門の責任者、リーダーなど
• ポートフォリオコンポーネント（プロジェクト等）のリーダー、関係者など

企業・組織の役員、部門の責任者、リーダーは、企業・組織の目標を達成するための責任を持つ関係者になりますが、ポートフォリオの

価値実現やポートフォリオコンポーネント（プロジェクト等）の成果などに関心があり、目標達成のためのポートフォリオコンポーネントの優先順位の変更や資源配分などに影響を及ぼす関係者です。

また、ポートフォリオコンポーネント（プロジェクト等）のリーダーや関係者については、ポートフォリオレベルの判断などの影響を受ける関係者になりますが、それと同時にコンポーネントの成果を創出しポートフォリオの価値創出に影響を与える関係者でもあります。

これらのステークホルダーを特定・分析し、エンゲージメント計画を立て、ステークホルダーを巻き込むための活動を実施していくことが必要です。

ステークホルダーの関与において主に実施する内容は次の二つになります。

①ステークホルダーの特定・分析
②ステークホルダーのエンゲージメント計画と活動

それぞれの概要をみていきましょう。

①**ステークホルダーの特定・分析**

ポートフォリオの範囲はポートフォリオコンポーネントなど多岐にわたることにより、多くのステークホルダーが存在します。その中でも特にポートフォリオの価値創出に影響を受ける、または影響を及ぼすステークホルダーなどいくつかのカテゴリで区分し、ステークホルダーを特定します。また、特定したステークホルダーの分析を実施し、そのステークホルダーの役割、期待（欲求）、関心事を明確にします。

ポートフォリオのステークホルダー特定の例をP.64 図表2-21に示します。

■ 図表2-21　ポートフォリオのステークホルダー特定（例）

ステークホルダー 区分	役割	期待（欲求）	関心事
スポンサー （経営層など）	• 経営戦略・経営計画の提示　（変更含） • 資源の提供 • その他	経営戦略に整合したポートフォリオの価値創出を確実にしたい	ポートフォリオの投資対効果、ポートフォリオの進捗など
ステアリングコミティー （ガバナンス機関）	• ポートフォリオの監視 • 優先順位の設定・変更判断 • 資源配分変更判断 • その他	ポートフォリオの価値創出のために、正しい情報を得て適切な判断を実施したい	ポートフォリオのタイムリーな状況把握など
ポートフォリオ マネージャー	• ポートフォリオマネジメントの実行 • コンポーネント間の調整 • ガバナンス機関との調整 • その他	コンポーネントからの成果を計画どおり確実に得て、ポートフォリオの価値を創出し、経営戦略の実践に貢献したい	経営戦略目標と整合をとるための必要な情報、コンポーネントへの的確な資源提供とコンポーネントからの成果状況など
ポートフォリオコンポーネントチーム（プロジェクトマネージャー、メンバー等）	• コンポーネントの確実な実行とその進捗・完了報告 • その他	コンポーネントの成果を計画どおり創出したい（プロジェクトの目標を達成するなど）	ポートフォリオの変更、コンポーネントへの資源配分変更など

②ステークホルダーのエンゲージメント計画と活動

　特定したステークホルダーのポートフォリオへの関与を維持し、関与が十分ではないステークホルダーに対しては、積極的に関わってもらい支援を得る必要があります。そのためにはステークホルダーの期待や関心事をもとに、エンゲージメント活動の計画を立てます。主なエンゲージメント活動としては、ステークホルダーとのコミュニケーションがあります。まず大前提は、企業・組織の戦略を確実に浸透させる活動を実施し、経営戦略や経営計画を組織下に根付かせることになります。

　その上でポートフォリオのステークホルダーとのコミュニケーション計画を立て、ステークホルダーが求めている情報を必要な時に的確に提供し、ステークホルダーの関与を高めることを実施していきます。P.65 図表2-22のステークホルダーとのコミュニケーション計画例にあるように、何の情報を、誰に対して、いつ、どのような方法でコミュ

ニケーションを実施するかを計画し実行します。

図表2-22　ステークホルダーとのコミュニケーション計画例

何を（内容）	誰が	どのステークホルダーに対して	いつ（頻度）	どのように（手段）
ポートフォリオの進捗状況（価値創出の進捗状況等）	ポートフォリオマネージャー	スポンサー（経営層）、ステアリングコミティーメンバー、プロジェクトマネージャー	月次 （第1月曜）	● ポートフォリオ進捗会議（対面＋Webカンファレンス） ● ポータルサイトのダッシュボードで共有
ポートフォリオコンポーネント進捗状況（プロジェクトの成果等）	プロジェクトマネージャー	ポートフォリオマネージャー、ステアリングコミティーメンバー	2週間ごと （第2, 4月曜）	● コンポーネント進捗会議（Webカンファレンス） ● 電子メール配信
ポートフォリオコンポーネントのリスク・課題共有	プロジェクトマネージャー	ポートフォリオマネージャー、ステアリングコミティーメンバー	週次 （月曜）	● 電子メール配信 ● ポータルサイトで共有
資源利用状況の共有	ポートフォリオマネージャー	プロジェクトマネージャー、機能部門のマネージャー	週次 （月曜）	● 電子メール配信 ● ポータルサイトで共有
ステアリングコミティの決定事項（ガバナンス機関の決定）	ポートフォリオスポンサー	ポートフォリオマネージャー、プロジェクトマネージャー、ステアリングコミティーメンバー	月次 （第2月曜）	● ガバナンス連絡会（対面＋Webカンファレンス） ● ポータルサイトのダッシュボードで共有

　上記のコミュニケーションを継続して実施していく際に、ステークホルダーが積極的に関与しているか等を確認（監視）することも実施します。例えば決められた会議体への参加状況を確認し、参加率の低いステークホルダーに対して積極的な関与を促すことも必要となります。

　また、コミュニケーション手段については、外部環境や内部環境を考慮し対面での会議が難しい場合（近年の感染症拡大状況下や、海外との時差など）や、情報共有のプラットフォーム（ポータルサイトやダッシュボードなど）の準備を含め必要に応じ検討します。

　以上のようなエンゲージメント計画を立て実行し、ポートフォリオに影響を与える（影響を受ける）ステークホルダーの関与を高め、支

援や協力を得るように努めます。

 ## (5) リスクマネジメント

　ポートフォリオの価値創出を確実にするには、常にリスクを把握してその対応等を実施していくことが必要となります。ポートフォリオのリスクにはどのようなものがあって、どのような対応を実施していけば良いかについてみていきましょう。

　「リスクマネジメント」を簡潔に表現すると図表2-23のとおりです。

■ 図表2-23　リスクマネジメント

リスクマネジメント		
目的：何のために（Why）	何を（What）	どのようにする（How）
ポートフォリオの価値創出を最大化するために	ポートフォリオコンポーネントのリスクに基づき、ポートフォリオ全体のリスクを把握し、そのポートフォリオのリスクの脅威または機会を	最小化または最大化させるよう、必要に応じポートフォリオコンポーネントの見直しを実施する
心掛ける基本的事項		
• プロジェクトの活動状況・成果を可視化し共有する • 投資に対する価値創出を最大化する • 変化に機敏に対応する		

　ポートフォリオコンポーネントであるプロジェクトのリスクマネジメントは、プロジェクトの目標を達成するために、リスクを特定しそれに対処します。一方、ポートフォリオのリスクマネジメントはそれとは異なり、ポートフォリオの価値を最大化するために、ポートフォリオコンポーネントを含めたポートフォリオ全体のリスクに対処していきます。ポートフォリオのリスクには、ネガティブなリスク（脅威）とポジティブなリスク（機会）がありますが、ここでは前者のケースで説明いたします。

　図P.67 図表2-24 ポートフォリオリスクとプロジェクトリスクの関係を参照ください。

■ 図表2-24　ポートフォリオリスクとプロジェクトリスクの関係

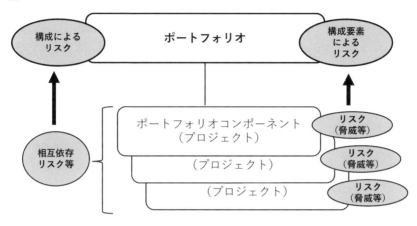

　ポートフォリオのリスクには、主にポートフォリオの構成によるリスクと構成要素によるリスクがあります。

　ポートフォリオの構成によるリスクは、ポートフォリオを構成するコンポーネント（プロジェクト）間の潜在的な相互依存性に関連するリスクになります。例えばプロジェクト間で共通のリソースを利用している際のコンフリクトや、ひとつのプロジェクトのスケジュール遅延等が他のプロジェクトに影響を及ぼすなど、依存関係によるリスクです。これらのリスクはポートフォリオの価値創出に影響を及ぼします。

　ポートフォリオの構成要素によるリスクは、ポートフォリオの構成要素であるコンポーネント（プロジェクト等）からエスカレーションされるリスクで、例えばプロジェクトの成果が計画通り達成できないなどのリスクになります。

　これらのリスクを合わせポートフォリオ全体のリスクとして捉えて対処していくことになります。リスクマネジメントにおいて主に実施する内容は次の四つになります。

①リスクの特定
②リスクの分析
③リスク対応戦略
④リスク選好

　順にみていきましょう。

①リスクの特定
　ポートフォリオの価値創出に影響を与えるリスクを検討します。外部環境の変化、ビジネスニーズの変化におけるリスク、資源の可用性（量・能力）のリスク、前述のポートフォリオの構成によるリスク、構成要素によるリスクなどを特定していきます。

②リスクの分析
　特定したリスクは、どの程度ポートフォリオ価値創出に影響を与えるのかを定量的に評価し分析します。発生確率、影響、重要性、時期、依存関係など、可能な限り明確にしていきます。

③リスク対応戦略
　ポートフォリオの価値創出を最大化するために、特定したリスクの分析を考慮した上で、リスクに対応していきます。ポートフォリオコンポーネントの構成要素によるリスクに対してはポートフォリオレベルで、例えば予算や人的資源配分の見直しや、ポートフォリオレベルに大きな影響を与えるポートフォリオコンポーネントのリスク等があれば、場合によってはプロジェクトの組み替え（削除、追加）を実施することも検討します。ポートフォリオ構成によるリスクについても同様で、ポートフォリオの全体リスクを低減しポートフォリオの価値創出にネガティブな影響を及ぼさないようにバランスをとり対処していきます。

④リスク選好

　リスク対応戦略を検討するうえで、組織における「戦略的リスク選好」を明確にしておくことが必要です。リスク選好は英語では Risk Appetite といいますが、リスクに対する食欲、つまりどれだけリスク（食欲）旺盛かという意味になります。組織がポートフォリオの価値を創出する取り組みにおいて、戦略的にリスクをどの程度積極的に受け入れるかの度合いになります。ポートフォリオレベルでは不確かなことも多く、リスクを許容してポートフォリオを実行することが必要となります。ポートフォリオの価値創出の期待値（ターゲット）へ向け、リスクの量と価値創出とのバランスをみて、ポートフォリオの構成（プロジェクトの組み替え・削除・追加等）を戦略的に判断していきます。

　つまり、高いリスクのプロジェクトを中心に選択し、高いポートフォリオの価値を求めるのか（ハイリスク・ハイリターン）、低いリスクのプロジェクトを主に選択し、ほどほどのポートフォリオの価値で良い（ローリスク・ローリターン）とするのかは、企業・組織のリスク選好に依存するということになります。

　実際にはポートフォリオの価値創出のターゲットを考慮して、戦略的なリスク選好をとっていくことになります。P.70 図表2-25に戦略的リスク選好のイメージを示します。

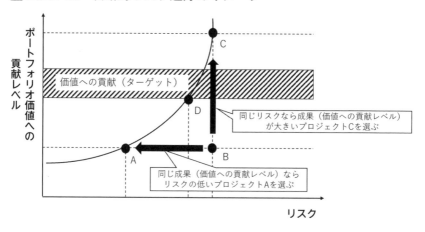

■ 図表2-25　戦略的リスク選好のイメージ

例えば、同じ成果を見込めるのであれば、プロジェクトBよりもリスクの低いプロジェクトAを選択することになりますが、これではポートフォリオ価値貢献のターゲットに達しません。価値貢献のターゲットを考慮し、リスクが高いが成果がより見込めるプロジェクトCやDを選択するなど、ポートフォリオの構成に含むプロジェクトのバランスをみて、ポートフォリオの価値創出に貢献できるように検討します。

（6）ガバナンス

ガバナンスは、企業内でもコーポレートガバナンスとして企業経営において公正な判断や運営がなされるよう、監視や統制を実施する仕組みを確立していると思います。ポートフォリオのガバナンスも同じように、ポートフォリオの一連の活動において、基本的な規律、ルールなどの仕組みを確立し、監督、意思決定、コントロールなどを正しいプロセスで実施していく活動になります。

「ガバナンス」を簡潔に表現するとP.71 図表2-26のとおりです。

■ 図表2-26　ガバナンス

ガバナンス		
目的：何のために（Why）	何を（What）	どのようにする（How）
ポートフォリオマネジメント活動を企業組織の戦略に整合したものとし、正しく実行するために	ポートフォリオのガバナンスプロセス等を確立し、ポートフォリオの一連の活動を	監督、意思決定、コントロールなどを実施していく
心掛ける基本的事項		
• 有効なガバナンスを確立する • 変化に機敏に対応する		

　ポートフォリオのガバナンスをどのように実施していくかを検討する際には、いくつかの考慮すべき事項があります。ポートフォリオのガバナンスイメージを図表2-27に示します。

■ 図表2-27　ポートフォリオのガバナンスイメージ

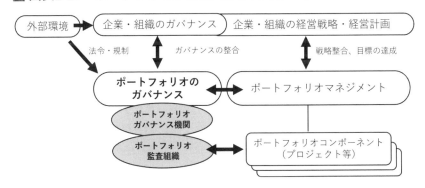

①外部環境（法令、規制など）の変化

　ポートフォリオに含まれるポートフォリオコンポーネントは、多くの場合、法令や規制、業界団体のガイドラインなどに影響を受けるものがあり、コンポーネントの選定や実行において、これらに準拠する必要があります。また規制や法令が変更となった場合も随時対応が必要になり、コンポーネントの見直しなどが必要となる場合があります。

②内部環境の変化

　企業・組織の経営戦略や経営計画も外部環境に影響を受けるなどし変更となる場合があります。またＭ＆Ａなどで一部事業の譲渡や、他企業とのアライアンスなどに伴う戦略変更など、状況に応じてポートフォリオ構成も変更していくことが必要となります。

③企業・組織のガバナンスとの整合

　企業・組織のガバナンスに整合した、ポートフォリオコンポーネントを含めたガバナンスを実施していくことが必要です。

④ポートフォリオガバナンスの役割を決定する

　ポートフォリオのガバナンスを実行する役割として、ガバナンス機関や監査組織を決めます。

●ポートフォリオガバナンス機関

　ポートフォリオガバナンスを確実に実施していくためにガバナンス機関を確立します。ガバナンス機関はステアリングコミッティと呼ぶ場合もあります。メンバーは、戦略や事業に精通し組織の責任をもつ役員レベルのステークホルダー等で構成されます。ガバナンス機関の議長は企業・組織の体制などにもよりますが、経営戦略に整合したポートフォリオに投資・価値創出に責任をもつスポンサーが努める場合が多いでしょうか。ガバナンス機関の主な役割・責任の例としては次のとおりです。

＜ガバナンス機関の役割・責任の例＞

* ポートフォリオのガバナンス方針、プロセスを承認する
* ポートフォリオコンポーネントの選択、優先順位付け、および承認基準を明確にする
* ポートフォリオの戦略が企業・組織の戦略と整合していることを確

実にする

- ポートフォリオコンポーネントへの資源割り当てなどのコントロールをする
- ポートフォリオに関するエスカレーションされた課題やリスクをレビューし方針等の判断をする
- 外部環境や内部環境の変化に対するポートフォリオの変更をレビューし判断をする
- 以上に関する内容の意思決定、指示命令、実行などのリーダーシップを発揮する

●ポートフォリオ監査組織

ポートフォリオガバナンスには、ポートフォリオ構成に含まれるポートフォリオコンポーネントの監査が含まれ、その監査を実施するポートフォリオ監査組織を確立します。小規模な組織の場合はガバナンス機関のメンバーが兼務する場合もあります。ポートフォリオコンポーネントの監査は定期的に、または必要に応じて臨時で実施します。監査においては主に以下のようなことに焦点をあてます。

<監査の主な焦点>
- 経営戦略、経営計画との整合
- 企業・組織のガバナンスとの整合
- 品質保証、品質コントロール
- コンポーネントのマネジメント手法、手順（プロジェクトマネジメント手順など）
- コンポーネントのアウトプット（ドキュメント等）
- その他

以上、ポートフォリオマネジメントの概要について説明しました。概要を掴んでいただけましたでしょうか。次の第3章ではポートフォ

リオコンポーネント（プロジェクトやプログラム）の実践手法を解説
します。

ポートフォリオ
コンポーネントの
実践手法

ポートフォリオ
コンポーネントの実践手法

　ポートフォリオマネジメントの概要について第2章で解説しました。企業・組織の経営戦略に整合したポートフォリオコンポーネントを選択し、それらの成果をもってポートフォリオの価値を創出し、経営戦略の目標を達成していくことになります。よって、ポートフォリオの構成要素であるポートフォリオコンポーネントの成果を確実に創出していくことが重要であることはいうまでもありません。

　本章では、ポートフォリオコンポーネント（プロジェクトおよびプログラム）の成果創出のための実践手法である、プロジェクトマネジメントおよびプログラムマネジメントについて（図表3-1参照）解説します。

■ 図表3-1　ポートフォリオコンポーネントの実践

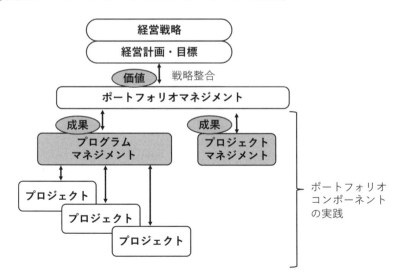

　ひとつひとつのプロジェクトが成果を出していくことが必要になり
ますが、そのためには個別プロジェクトのマネジメント（プロジェク
トマネジメント）をしっかりと実施していくことが重要となります。
プロジェクトマネジメントについての解説は、それだけでも一冊の本
が出来上がってしまうくらいの内容がありますので、他の優れたプロ
ジェクトマネジメントの書籍にお任せするとし、本章ではプロジェク
トマネジメントの中でも、プロジェクトが成果を出しポートフォリオ
の価値をどのように繋げていくかに焦点をあてて説明します。

　また、第2章のポートフォリオコンポーネントの説明でも少しふれ
ましたが、個別のプロジェクトだけでは経営戦略と整合した明確な成
果を得ることが難しい場合などは、複数のプロジェクトを束ねてプロ
グラムとしてマネジメントしていく手法（プログラムマネジメント）
があり、その実践についての概要もあわせて解説します。

個別プロジェクトの目標設定

　ポートフォリオマネジメントでは、経営戦略や経営計画に整合したプロジェクトを選定して実行することが必須です。よってポートフォリオマネジメントの実践においては、ポートフォリオコンポーネントであるプロジェクトの目的や目標の設定は重要なポイントになります。

　戦略と整合していないプロジェクトを実施している場合は、予定通りプロジェクトを完了したとしても投入した資源が無駄に終わってしまい、経営側にとってもプロジェクト関係者にとっても決して良い結果にはつながりません。一度、皆さまが所属されている企業・組織の中で実行しているプロジェクトについて、コンサルタントの方は、現在支援している顧客先プロジェクトについて、目的や目標がどうなっているかを確認してみてください。経営戦略と整合がとれたプロジェクトの目的・目標となっていますでしょうか。また具体的な経営指標にプロジェクトの成果が紐づいていますでしょうか。

　プロジェクトといっても多くのプロジェクトがあり、またその種類によって戦略との整合が、明確であったり不明確であったりしますので、まずプロジェクトの種類の整理からはじめてみましょう。

▌▌▌（1）プロジェクトの種類

　プロジェクトの種類は、現場主導で発生したもの（ボトムアップ型）と、経営戦略や事業部門の戦略から発生したもの（トップダウン型）で区分できます。どちらかというとボトムアップ型のプロジェクトになればなるほど、経営との距離があり、経営戦略との整合を考慮していないケースが多いのではないでしょうか。P.79 図表3-2の例を参照

ください。

■ 図表3-2　プロジェクトの種類と戦略整合との関連（例）

事業	プロジェクトの種類	プロジェクトの目的（例）	目標（例）	経営戦略との整合
既存事業	＜ボトムアップ型＞ 現場から発生 （自主的改善等）	既存のオペレーション改善等 ● プロセス改善 ● 効率化、生産性向上 ● 安全性向上 など	改善度合等（％）を設定または定性的な目標となっている	比較的不明確なことが多い
	＜ボトムアップ型＞ または ＜トップダウン型＞ 現場から発生 または部門の戦略等から発生	既存オペレーションの変革 ● 新たなプロセス構築 ● 他部門との連携 など	改善度合等（％）を設定または定性的な目標となっている	比較的不明確なことが多い
	＜トップダウン型＞ 経営戦略・部門戦略等から発生	既存ビジネスの発展 ● Ｍ＆Ａで拡大 ● 海外進出 ● 他社との協業 など	経営指標（売上、利益等）の伸長など	明確
新規事業	＜トップダウン型＞ 経営戦略から発生	新規ビジネスの立ち上げ	経営指標（売上、利益等）の伸長など	明確

　この表は少し極端な例で、皆さまが所属されている企業・組織とは異なることがあるかもしれませんが、トップダウン型のプロジェクトは、経営戦略との整合が明確になっているケースが多く、ボトムアップ型のプロジェクトは経営戦略と紐づいていないことが多いのではないでしょうか。ボトムアップ型のプロジェクトは、日々のオペレーションにおいて、現場からの改善や変更のニーズに基づき部門内の特定部署など比較的狭い範囲で実施されるプロジェクトが多く、経営戦略との紐づきが分かりにくい傾向にあります。また、ボトムアップ型とトップダウン型の中間のような少し曖昧なプロジェクトも存在するのではないでしょうか。例としては少し規模が大きくなり他部門との連携を含めて従来のやり方を変えていくプロジェクトなどですが、このようなケースも比較的戦略との整合が不明確なことが多いかもしれません。

また、よくあるケースとしては、手段を目的としてしまっているケースなども経営戦略との整合が明確ではありません。ITシステムの導入（デジタル化など）をプロジェクトの目的としてしまっているケースですが、経営戦略と紐づいていない典型的な例です。

　ここで、間違ってはいけないことは、経営戦略との整合が明確ではないからといって、プロジェクトを中止した方が良いということではありません。ビジネスの成長へ向け正しい方向に向かっているプロジェクトであれば、それを経営戦略や経営計画にどのように貢献しているかを明確にして判断すれば良いということです。

▌▌(2) プロジェクトの目標設定

　規模の大小に関わらず、プロジェクトは企業・組織の貴重な限られた資源を用いて実施しますので、プロジェクトの目的や目標は経営戦略に整合している必要があります。整合していないプロジェクトは投資した資源が無駄になる可能性がありますので、実施しない判断や見直しなど検討が必要です。プロジェクトの目標設定のイメージを図表3-3に示します。

▌図表3-3　プロジェクトの目標設定のイメージ

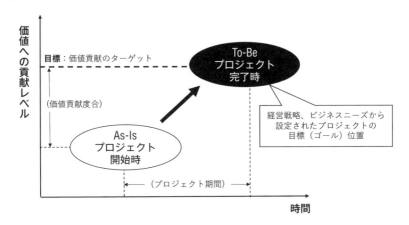

　プロジェクトは "現状の状態（As-Is）" から経営戦略やビジネスニーズにそった "あるべき状態（To-Be）" に持っていくための活動になりますが、"あるべき（目指す）状態" における価値貢献レベルが目標になります。

　プロジェクトは、単に成果物を出すことを目標とするのではなく、成果物を創出した結果どういった価値に結びつくのかを明確にして、それを目標にすることが理想です。

　プロジェクトの目標は測定可能なものとし、関連する成功基準があればそれを明確にします。

　企業・組織における目標では、経営指標（売上、営業利益、コスト、その他）に直結しているものであれば非常に明確です。また間接的に経営指標に貢献する目標もあるかと思います。

　例えば、業務の生産性や効率化向上の度合い（％）などですが、その場合はこれらを実現した先の姿まで深掘りして検討することが出来ればより明確になります。生産性を数％向上させた後、その工数を他の業務に振り替えてコスト低減につなげるなどです。ボトムアップ型の現場主導のプロジェクトであっても、必ず経営指標にどの程度貢献するか等の目標を設定することが理想です。

　設定したプロジェクトの目標は、プロジェクトの目的とあわせてプロジェクトを正式に認可する文書である「プロジェクト憲章」に記載し、プロジェクトの正当性を明確にします。

プロジェクトの
確実な実行

　プロジェクトの目標達成へ向け、確実に実行していくことが必要ですが、その手法については、日本においてもプロジェクトマネジメントの世界標準であるPMBOK®（Project Management Body Of Knowledge）が浸透しています。企業・組織では、PMBOK®にそった内容で業務やプロセスに応じてテーラリングする（特定の環境や目前のタスクに、より適合するように適応させる）などし、プロジェクトを実行していることと思います。

　本書では、ポートフォリオマネジメントの観点（経営戦略とプロジェクトの成果との整合の観点、およびプロジェクトの成果をポートフォリオの価値につなげ経営指標の達成に貢献するという観点）からプロジェクト実行において有用な手法を紹介します。

(1) プロジェクト実行における重要な項目

　プロジェクトを実行するうえで、経営戦略との整合と経営に貢献する価値を創出するという観点で、必ずおさえておくべき次の重要な項目があります。これらの項目は第2章で解説しましたポートフォリオの価値創出と密接に関連しています。いずれの項目も必ず明確にしてプロジェクトを進めていきます。

＜プロジェクト実行における重要項目＞
- 目的（Why：なぜプロジェクトを行うのか）
- リソース（When：いつどのくらいの資源が必要となるのか）
- 成果（What：何をプロジェクトが創出するのか）

- 投資（How much：いくら費用が必要か）
- 計画（When：いつ成果が出るのか）
- 成功基準（What：何を持ってプロジェクトが成功したと判断するの
  か）

　これらを「プロジェクト憲章」と呼ばれるプロジェクトを正式に認可するドキュメントに記載しておくことが有用です。近年の不確実で変化が激しい状況下においては、プロジェクト途中で必ず様々な判断が必要になります。時には外部環境や内部環境の変化による大きな影響が発生し、プロジェクトの取り止めも含め迅速に判断していく局面になることも現実的には発生します。そのような場合など、判断の拠り所になるのはこれらの重要な項目です。

　ポートフォリオマネジメントの観点では、変化が発生した場合でも、プロジェクトの目的、成果、成功基準などが、経営戦略に整合したものとなっているかの確認は欠かせません。経営戦略に整合した成果が見込めないような状況になった場合は、プロジェクトの中止などを含め判断していく必要があります。

▌▌▌（2）プロジェクトの実行形態

　プロジェクトを確実に実行し成果を得るためのマネジメント手法は、これまでは、立上げ、計画、実行、終結（成果創出）と一連のステージを順に進めていきプロジェクトを完了させるといったものが主流でした。ここ数年では、このようなウオーターフォール型（予測型）だけでなく、アジャイル型（適応型）のアプローチも多くなっております。また両者をミックス（一部工程をアジャイル型で実施）するハイブリッド型のアプローチを取り入れている組織もあります。どのアプローチ（実行形態）を選択し実行するかは、プロジェクトの性質や内容により向き不向きがありますが、実行する形態によりポートフォリ

オの価値創出が変わってくる場合がありますので考慮が必要です。

■ 図表3-4　プロジェクトの実行形態（アプローチ）

ウオーターフォール（予測型）のアプローチの例

アジャイル（適応型）のアプローチの例（漸進的・徐々に成果を創出する）

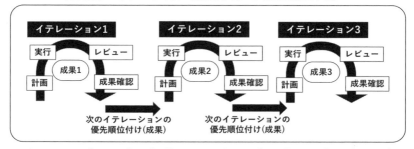

イテレーション【iteration】：反復、繰り返し。スプリント【sprint】とも呼ばれる（短距離走）

　図表3-4はあくまでも例ですが、ウオーターフォール型の場合は、プロジェクトの成果創出のタイミングは実行した後に成果を得るなど計画段階である程度見通せますが、アジャイル型の場合は短期間にイテレーションをまわしていき、その結果によって成果を得て、その成果の度合いで次のイテレーションの計画を立てるなど、状況に応じ随時適応しすすめていきます。

　よって、（1）で説明しましたプロジェクト実行における重要項目において、リソース（いつ資源が必要になるか）や計画（いつ成果が出るのか）など、より頻度高く進捗状況等を監視し対応していくことが必要となります。

▐▐▌（3）プロジェクト成果の実現・維持手法

　経営戦略にそったプロジェクトを実行・成果を出し、経営指標の達

成に貢献し、それを維持していく手法を紹介します。これは「ベネフィット・リアライゼーションマネジメント」と呼ばれている考え方に基づくものです。ポートフォリオマネジメントにおいて、ポートフォリオコンポーネントであるプロジェクト（またはプログラム）の成果を確実にポートフォリオの価値として創出し、経営指標の達成・維持につなげていくための手法です。本書ではこれを「プロジェクト成果の実現・維持手法」と表現します。図表3-5を参照ください。

■ 図表3-5　プロジェクト成果の実現・維持

① 経営戦略と整合　② 成果の度合い、　③ 成果創出状況を　④ 成果を集約
　したプロジェクト　　創出タイミング　　監視、報告　　　　プロジェクトから
　の成果を特定　　　　などを分析し　　　必要に応じ計画の　オペレーションへ
　　　　　　　　　　　計画する　　　　　見直しを実施する　移管する

＜主なツールの例＞
●成果のブレイクダウン　●成果リスト　　　●成果報告書
●成果ロードマップ

①成果の特定

　プロジェクトの成果と経営戦略との結びつきを明確にする重要な活動です。プロジェクトの目標・成果を特定して、プロジェクトがどう経営指標に貢献するかを明確にし、関係者全員で認識します。成果のブレイクダウンを実施した例をP.86 図表3-6に示します。

　この成果のブレイクダウンですが、どちらかというとバックキャスト思考で実施します。

　バックキャスト思考は、最終的にどうなっていたいか（未来）を先に考えて（今）何をすれば良いかを考える思考方法です。P.86 図表3-6は、既存事業における経営指標の利益率向上を実現するために、今何をするか（成果への行動）をブレイクダウンした例になります。

■ 図表3-6　成果のブレイクダウン（例）

経営戦略：業務ITシステムを顧客に導入する既存事業において、営業利益率を向上させる

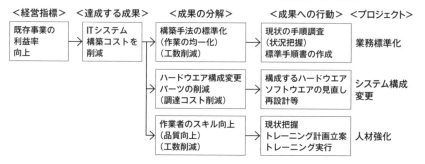

＜経営指標＞	＜達成する成果＞	＜成果の分解＞	＜成果への行動＞	＜プロジェクト＞
既存事業の利益率向上	ITシステム構築コストを削減	構築手法の標準化（作業の均一化）（工数削減）	現状の手順調査（状況把握）標準手順書の作成	業務標準化
		ハードウエア構成変更パーツの削減（調達コスト削減）	構成するハードウエアソフトウエアの見直し再設計等	システム構成変更
		作業者のスキル向上（品質向上）（工数削減）	現状把握トレーニング計画立案トレーニング実行	人材強化

　経営指標である既存事業の利益率を向上させるために、ITシステムの構築コストを削減する。そのためには、構築手法の標準化、パーツの削減、作業者のスキル向上が必要となり、業務標準化、システム構成変更、人材強化という三つのプロジェクト活動（成果への行動）を実施するといった例になります。このようにブレイクダウンし、経営指標と紐づいたプロジェクト活動を実行しその成果を明確にすることが重要です。

　この例のような、業務標準化のプロジェクト活動は一般的に多くの企業で実施していると思いますが、標準化の手順やプロセスを確立することをプロジェクトの目標にしているケースがあるとすれば、より深掘りして活動の成果を特定するようにしてください。特定が難しいようでしたら、一度バックキャスト思考で検討してみてください。

②成果を計画

　特定した成果が、どのくらい、どういったタイミングで経営指標に貢献するのかの計画を立てます。計画するに当たっては、まず成果リスト（P.87 図表3-7）を作成します。次に各成果がどのタイミングで創出されるかの計画をロードマップに記載します。

■ 図表3-7　成果リスト（例）

事業	プロジェクト	行動・成果物	成果	成果創出時期 （ロードマップNo.）
既存 事業	業務標準化	標準化プロセスの確立 • 標準手順書	作業の均一化を実現し • 前年比○％の工数 　（原価）削減	2023年第2Qから （LD-001）
	システム構成 変更	既存のシステム構成変更 （パーツ等の削減） • システム構成表 • 構成パーツリスト	調達コスト • 前年比○％原価削減	2023年度 第1Qから （LD-002）
	人材強化	スキル（ギャップ）把握 • スキルマップ • トレーニング計画	作業工数（原価）の低減 • 前年比○％低減 後戻り工数（原価）削減 • 前年比○％削減	2023年度 第3Qから （LD-003）

③成果を創出

　プロジェクト活動を確実に実施し成果を創出していきますが、その状況を常に監視し、状況に応じて、成果の計画に立ちかえり計画を変更することも含め実施していきます。当初の計画に捉われず、可能な限り成果を出すことを追求していくことになります。（②の成果計画と③の成果創出の間は、より成果を出すことを追求するために、常に行ったり来たりします）

　成果の状況は、成果報告書にまとめ関連するステークホルダーへ定期的に報告します。報告書には成果の種類と実績、および累積を記載するなど、グラフ化して分かりやすく表現し報告します。P.88 図表3-8 報告書（グラフ化）のイメージを参照ください。

　経営指標への貢献という点では、事業の営業利益率との相関がわかるようにグラフにその情報も付け加えるなど、ステークホルダーの期待にあわせて報告書フォーマットを決めます。

■ 図表3-8　成果報告書の例（構築コスト削減・実績報告）

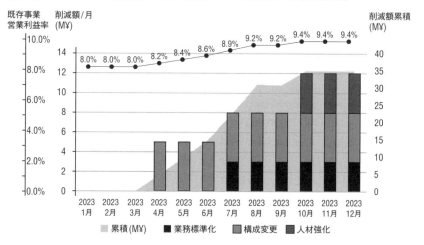

④成果を移管・維持

　プロジェクトを実行し各プロジェクトから成果を獲得することが可能となれば、それを維持し継続的に経営指標へ貢献できるように、通常のオペレーション（定常業務）に移管することを実施します。プロジェクトの成果をプロジェクトだけで終わらせずに、オペレーションに組み込むところまで確実に実施していきます。

SECTION 04 プロジェクトの振り返り（教訓を得る）

　プロジェクトを完了した後に、必ず実施しておく必要があるのが、プロジェクトの振り返りになります。教訓（Lessons Learned）を得て次につなげる活動になります。通常のプロジェクトでは、品質・スコープ、スケジュール、コストなどのQCDの観点で、計画どおり実施できたことや課題などを明確にし、ドキュメントに残すことを実施します。ポートフォリオマネジメントの観点では、QCD観点に加え、経営戦略（経営計画）との整合や、ポートフォリオの価値を創出し経営への貢献が出来たかどうかの観点で振り返りを実施します。記録する際のイメージを図表3-9に示します。

■ 図表3-9　プロジェクトの振り返り（教訓）記録イメージ

項目	うまくいった事	うまくいかなかった事	更に良くするための考察	現状プロセスの改善案
プロジェクトマネジメントに関する事項				
品質・スコープ				
スケジュール				
コスト				
資源				
ステークホルダー				
ポートフォリオマネジメント観点からの事項				
戦略マネジメント（経営戦略との整合）				
価値マネジメント（価値創出）				
変化への対応				

複雑化に対処する
プログラムマネジメント

　近年、変化の激しい状況下では先行きが不透明なことも多く、プロジェクトも不確実性が高くなり複雑になってきております。プロジェクトが必ずしも成功しない原因のひとつにプロジェクトの複雑化があると第1章で述べましたが、企業・組織の経営戦略の実践において必要となるプロジェクトは数も多くなり複雑化する傾向にあります。

　複数のプロジェクトを同時並行的に実行するケースでは、それぞれのプロジェクトが相互に依存していることが多く、一つのプロジェクトに何らかの問題が発生すると他のプロジェクトにも影響が出て、計画通りプロジェクトが進まない状況に陥ることが少なからずあります。このようなケースでは個別のプロジェクトをマネジメントするだけではうまくいかず、経営戦略に整合した成果に紐づけることが難しいこともあります。

　プログラムマネジメントは、個別のプロジェクトだけでは成果を得ることが出来ない場合など、複数のプロジェクトを束ねてその集合をプログラムとしてマネジメントすることによって成果を出す手法です。プロジェクトの複雑化に対処する有用な手法といえます。

　まず、複雑で個別プロジェクトだけでは成果を得ることが難しいデジタルトランスフォーメーション（DX）の例でプログラムのイメージを掴んでいただき、プログラムマネジメントの概要と、実践例について順に紹介します。

▌▌▌（1）個別プロジェクトでは成果を得ることが難しいケース

　個別のプロジェクトだけでは経営戦略に整合した成果に結びつかな

いといったケースはどういったものがあるでしょうか。そのイメージを掴んでいただくために、近年多くの企業で取り組んでいるデジタルトランスフォーメーション（DX）にあてはめて考えてみましょう。企業・組織によってDXの取り組み内容は異なりますが、以下のような目標を想定してみてください。

> **企業・組織のDXの目標（例）：**
> 現在実施している業務のワークフローをデジタル化し、無駄を排除し、従業員の働き方を含め改革し、生産性を向上させ既存事業の利益を向上させる。
> （2023年度末に、既存事業の利益率X％を達成する）
> 既存事業で得た利益（資源）をより付加価値の高い製品創出やサービス提供に投入し、ビジネスの更なる成長・変革を実現していく。
> （2025年度に新たなソリューションにおいて売上高X億円を達成する）

　このようなDXの目標を達成するには、ひとつのプロジェクトだけでは難しく、例として次のような複数のプロジェクトを立ち上げて実行していく必要があるかもしれません。

＜目標達成のためのプロジェクト＞
- 社内のワークフロー改善プロジェクト（承認プロセス変更・迅速化など）
- 業務ITシステム刷新プロジェクト（書類のデジタル化、デジタル承認など）
- 働き方改革プロジェクト（リモートワーク、オフィスのロケーション集約、他）
- 新ソリューション創出プロジェクト（付加価値の高い製品・サービ

スの立上げなど）

- 組織変更、その他

　この例のDXの取り組みはプログラムといえます。各プロジェクトだけではDXの目標を達成することは難しく、これらの何らかの相互依存関係がある複数のプロジェクトを束ねてマネジメントしていく必要があります。各プロジェクトの成果を出し、その成果をあわせてDXの目標を達成するイメージです。これが「プログラムマネジメント」になります。なんとなくイメージが湧いてきましたでしょうか。

　私は、日本の多くのプロジェクトマネージャーやプロジェクト関係者の皆さまは、きっと上記のようなプログラムをたくさん経験されているのではと思っています。「プログラム」と呼んでいないだけかもしれません。ただ、このようなプログラムは不確実性が高く複雑ですので、ある程度体系立てた手法・アプローチを用いて実施した方がより良い結果が得られます。それが「プログラムマネジメント」になります。

プログラムマネジメント の概要

　複数のプロジェクト（プログラムコンポーネント）を束ねて成果を あげる場合のプロジェクトの集合をプログラムと呼びますが、プロジ ェクトとプログラムの違いについて考えてみましょう。DXの例でイメ ージを掴んでいただいたと思いますが、主な違いは「不確実性」と「複 雑さ」にあるといわれています。

　プロジェクトには、QCD（品質、コスト、納期）に関する不確実性 や、プロジェクトの活動内容や行動による複雑さがありますが、プロ グラムにはより複数の要因の組み合わせによって生じる高い不確実性 と複雑さがあります。複数のプロジェクトを同時並行的に実行してい くことにより、ガバナンス、ステークホルダー、プロジェクト間の相 互依存、資源、変更など、全てにおいて不確実性と複雑さが増します。

　簡潔にいうと、これらの不確実性と複雑さに対処し、経営戦略に整 合したプログラムの成果をあげていく手法がプログラムマネジメント になります。プログラムマネジメントで取り組む主なマネジメント領 域を順に説明します。

 （1）戦略整合

　ポートフォリオマネジメントにおいて戦略との整合が重要と説明し ましたが、プログラムマネジメントにおいても同様です。一貫して企 業・組織の戦略との整合を保つことが必要です。戦略整合では三つの 主な活動があります。

①ビジネスケースを明確にする

　プログラムが必要となる背景（ビジネスニーズなど）を明確にします。ビジネスがおかれている状況（市場や社会的状況等）において、なぜプログラムが必要となるのか（プログラムの目的）を明らかにします。そのうえでプログラムから得られる成果が、企業・組織の戦略と整合がとれており、どの程度経営に貢献できるかを明確にします。

②プログラム憲章にてプログラムを正式化する

　プログラムの前提、制約、リスク、成果、成功基準（指標）、ステークホルダー、プログラムの成果を出すためのプログラム構成（プログラム配下のコンポーネント：プロジェクト）、体制などを決め、プログラムを正式化します。

③プログラムロードマップを明確にする

　プログラムロードマップは、コンポーネント（プロジェクト）から得られる成果のタイミングや、プロジェクト間の相互依存関係や期間を示すものです。図表3-10にイメージを示します。

　このロードマップは、進捗管理やステークホルダーとのコミュニケーションのツールとして用います。

■ 図表3-10　プログラムロードマップ（例）

構成	達成目標 （成果）	経営計画（中期：3か年）スケジュール											
		2023				2024				2025			
		1Q	2Q	3Q	4Q	1Q	2Q	3Q	4Q	1Q	2Q	3Q	4Q
コンポーネント Project 01	ワークフロー改善 （生産性X%向上）				△								
コンポーネント Project 02	業務ITシステム 刷新 （生産性X%向上）				△								
コンポーネント Project 03	オフィス統合 働き方改革 （コストX%低減）				△								
コンポーネント Project 04	新ソリューション 立上 （売上X億創出）											△	
DX プログラム	売上X%向上 利益X%向上					▲ Phase 1							▲ Phase 2

△=プロジェクトの成果創出　▲=プログラムの成果創出

(2) 成果実現

　経営戦略にそったプログラムを実行・成果を出し、経営指標の達成に貢献し、それを維持していきます。プログラムもプロジェクトと同様ポートフォリオコンポーネントであることから、プロジェクト成果の実現・維持手法と同様です。P.85 図表3-5を参照ください。

　プログラムの成果を特定、成果を計画し、成果を創出、また成果の移管・維持を確実にしていきます。

(3) ステークホルダー

　プログラムのステークホルダー（利害関係者）は、プログラムの成果を創出する側の関係者や、プログラムの影響を受ける側の関係者になります。経営者やポートフォリオ関係者、プログラムを構成するプロジェクト関係者など多岐に渡ります。プログラムの成果を創出するために、これらのステークホルダーから協力・支援を獲得するために次のような活動を実施していきます。

①ステークホルダーを特定・分析する
　関連するステークホルダーを洗い出しリスト化します。また洗い出したステークホルダーを分析・分類し、ステークホルダーに積極的にプログラムを支援してもらうためのアクションにつなげます。分析・分類するにあたっての例として、ステークホルダーのプログラムに対する影響力の度合いと、プログラムへの支援度合いによる分類を紹介します。P.96 図表3-11プログラム・ステークホルダーリスト、およびP.96 図表3-12プログラム・ステークホルダーマップを参照ください。

■ 図表3-11　プログラム・ステークホルダーリスト（例）

氏名	立場（役割）	支援度合	影響力	コミュニケーション	備考
A氏	ポートフォリオマネージャー（ステアリングコミティメンバー）	協力的	高	月次報告書その他都度対面で説明	密に情報提供し信頼関係を維持
B氏	Cレベルの役員（プログラムへの支援者）	中立	高	四半期ごとの報告書対面で説明	適切なタイミングで情報提供し支援を得る
C氏	営業本部長（ステアリングコミティメンバー）	非協力的	高	月次報告書その他都度対面で説明	ニーズを把握し情報提供。信頼関係構築に努める
D氏	IT部門のマネージャー（IT分野の専門家として支援）	協力的	低	月次報告書電子メールで配信	定期的な情報提供
E氏	経理担当マネージャー（経理分野の専門家として支援）	非協力的	低	四半期ごとの報告書Webに掲載	必要最小限の情報提供
F氏	プロジェクトマネージャー（コンポーネントのリーダー）	中立	中	月次報告書対面またはWeb会議	定期的な情報交換

■ 図表3-12　プログラム・ステークホルダーマップ（例）

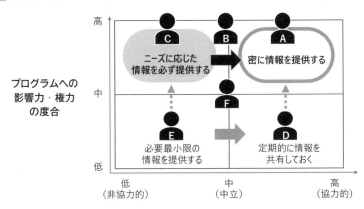

②コミュニケーション（関与）計画をたて実行する

　ステークホルダーを特定、分析・分類した結果から、それぞれのス

テークホルダーから継続的な支援を得られるように、コミュニケーション計画を立て実行します。

　特に、プログラムへの影響力がありプログラムへの支援度合いが低い（非協力的な）ステークホルダー（P.96 図表3-11, 12の例ではC氏）へのアプローチが必要です。プログラムの目的を理解してもらい、ニーズに応じた情報を提供するなどし、信頼関係を構築してプログラムの協力者になってもらう必要があります。またプログラムへの影響力が低いステークホルダーに対しても、必要最小限の情報を提供することを怠らないようにします。プログラムは比較的中長期なものが多いこともあり、プログラム途中で立場が変わりプログラムへの影響力が高くなることもあります。

　ステークホルダーの特定・分析、およびコミュニケーション計画については、プログラムの活動を通して実施していきます。

(4) ガバナンス

　プログラムのガバナンスは、成果を創出するための一連の活動を正しく実施するための活動です。基本的な規律、ルールなどの仕組みを確立し、監督、意思決定、コントロールなどを実施していきます。企業・組織の運営によって異なりますが、プログラムのガバナンスを実施する組織（役割）はプログラムマネジメントを実行する組織（役割）とは独立し、協力関係を構築してすすめます。プログラムガバナンスの役割（例）をP.98 図表3-13に示します。

■ 図表3-13 プログラムガバナンスの役割（例）

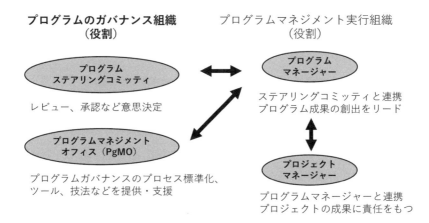

プログラムのガバナンス組織（役割）

プログラムステアリングコミッティ

レビュー、承認など意思決定

プログラムマネジメントオフィス（PgMO）

プログラムガバナンスのプロセス標準化、ツール、技法などを提供・支援

プログラムマネジメント実行組織（役割）

プログラムマネージャー

ステアリングコミッティと連携プログラム成果の創出をリード

プロジェクトマネージャー

プログラムマネージャーと連携プロジェクトの成果に責任をもつ

　プログラムのガバナンス組織で実施していく主な活動は次のとおりです。

<ガバナンスの主な活動>

- ガバナンス計画を策定する（体制・役割の明確化、ガバナンス会議の設定、他）
- プログラムの承認（ビジネスケース、プログラム憲章の承認など）
- プログラムの変更に関する承認
- プログラムの監視、報告、コントロール（コンポーネントであるプロジェクトの成果進捗含）
- プログラムのレビュー（成果、リスク、資源、変更などフェーズ移行時に実施するなど）
- プログラムコンポーネントの立上げ、移管時の確認、承認
- プログラムのクロージング（終結）
- その他

SECTION 07 プログラムマネジメントの実践例

CHAPTER 3

プログラムマネジメントを実践した例を紹介します。既存ビジネスのサービス関連事業部門における例になります。

(1) プログラムの内容

経営戦略や、プログラムの目標などは、以下のとおりです。

> プログラム名称：SVC-X (Service Transformation) プログラム
> ビジネス領域：既存ビジネス（ヘルスケアビジネスのサービス関連事業部門）
> 経営戦略（目標）：既存ビジネスの収益を向上させる（三年後に営業利益率○％向上）
> プログラム目標：サービス関連事業の変革を実施し、その売上および利益を向上させる（三年後までに売上○％、利益○％の目標を設定）

(2) 成果（目標）のブレイクダウン

サービス関連事業の売上・利益を拡大するために、成果の分解を実施し、成果への行動（プロジェクト）を洗い出し。P.100 図表3-14を参照ください。

CHAPTER 3 ポートフォリオコンポーネントの実践手法

■ 図表3-14　SVC-Xプログラム成果（目標）のブレイクダウン

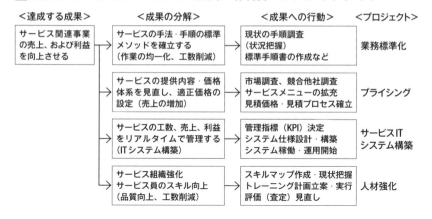

＜達成する成果＞	＜成果の分解＞	＜成果への行動＞	＜プロジェクト＞
サービス関連事業の売上、および利益を向上させる	サービスの手法・手順の標準メソッドを確立する（作業の均一化、工数削減）	現状の手順調査（状況把握）標準手順書の作成など	業務標準化
	サービスの提供内容・価格体系を見直し、適正価格の設定（売上の増加）	市場調査、競合他社調査サービスメニューの拡充見積価格・見積プロセス確立	プライシング
	サービスの工数、売上、利益をリアルタイムで管理する（ITシステム構築）	管理指標（KPI）決定システム仕様設計・構築システム稼働・運用開始	サービスITシステム構築
	サービス組織強化サービス員のスキル向上（品質向上、工数削減）	スキルマップ作成・現状把握トレーニング計画立案・実行評価（査定）見直し	人材強化

▐▐▐ （3）プログラム構成（プログラムコンポーネント）

　プログラムの目標を達成するために、以下の四つのプログラムコンポーネント（プロジェクト）を実行。

＜プログラムコンポーネント＞

- 業務標準化プロジェクト　　　　　　（P01）
- サービスプライシングプロジェクト　（P02）
- サービスITシステム構築プロジェクト（P03）
- サービス人材強化プロジェクト　　　（P04）

▐▐▐ （4）プログラムの複雑さ・不確実性

　このプログラムの主な複雑さと不確実性については次のとおりです。

①複雑さ

　次の要素があり単独でプロジェクトをすすめることに比べ複雑

●四つのプロジェクトを並行してすすめること

●それぞれのプロジェクトは相互に依存関係があり、一つのプロジェクトの成果創出の進捗が他のプロジェクトに影響する

●四つのプロジェクトを含めた全体のガバナンスを実施する必要がある

②**不確実性**

次の要素があり不確実性が高い

●サービス関連事業における市場、競合他社状況により影響を受ける

●サービス関連事業内だけでなく、部門外のステークホルダーが多岐にわたり影響を受ける（顧客、営業部門、経理部門、人事部門、IT部門など）

●四つのプロジェクトへのリソース（人的資源等）配分について、他部門の状況や自部門のオペレーションの状況に影響を受ける

(5) プログラムロードマップ

　SVC-Xプログラムは三年間で実施したもので、それぞれのプロジェクトの依存関係やプロジェクトから成果を得たタイミングは、P.102図表3-15 プログラムロードマップのとおりです。

■ 図表3-15　SVC-Xプログラム ロードマップ

プログラム構成	達成目標（成果）	経営計画（中期：3か年）スケジュール											
		1年目				2年目				3年目			
		1Q	2Q	3Q	4Q	1Q	2Q	3Q	4Q	1Q	2Q	3Q	4Q
業務標準化プロジェクト（P01）	標準メソッド確率（工数削減X%）												
プライシングプロジェクト（P02）	価格見直し・再設定（売上X%向上）												
ITシステム構築プロジェクト（P03）	サービスITシステム構築・稼働												
人材強化プロジェクト（P04）	スキル向上（工数削減X%）												
SVC-Xプログラム	売上X%向上利益X%向上												

標準工数に基づく価格設定
標準工数・新価格体系を反映
スキル設計

——→ ＝依存関係　△＝プロジェクトの成果創出　▲＝プログラムの成果創出

(6) プログラムの体制（役割）

SVC-Xプログラムの体制を図表3-16に示します。

■ 図表3-16　SVC-Xプログラムの体制

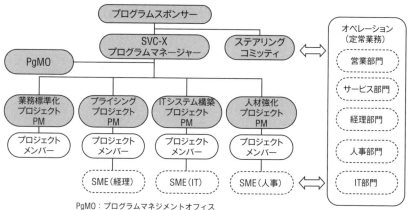

PgMO：プログラムマネジメントオフィス
PM：プロジェクトマネージャー
SME：Subject Matter Expert（特定分野の専門家）

各役割については以下のとおりです。

①プログラムスポンサー

サービス部門の責任者がスポンサーの役割を担い、プログラムに資源を提供しプログラムを成功に導く責任をもつ

②プログラムマネージャー

サービス部門から選任でアサイン。プログラムをリードし、成果創出に責任をもつ。プログラムスポンサー、ステアリングコミッティ、プログラムマネジメントオフィスと連携しプログラムのガバナンスを確立する。またプロジェクトマネージャーとのコミュニケーションをとり、プロジェクトの成果創出を支援する。

③ステアリングコミッティ

プログラムスポンサー、各部門責任者で構成する委員会。

プログラムの進捗（成果、スケジュール他）をレビューし、プログラムの変更やクローズを判断・承認する。

④プログラムマネジメントオフィス（PgMO）

プログラムマネジメントの手順を標準化しツールを提供（プログラムの成果実績報告、プロジェクトからの成果報告統一など）、ガバナンスプロセスを決め、プログラムの進捗レビュー会議の調整・設定などを実施。

⑤プロジェクトマネージャー（PM）

プロジェクトをリードし、成果創出に責任をもつ。

⑥特定分野の専門家（SME）

各分野の専門家で、SVC-Xプログラムでは、具体的に三つの分野の

専門家がプロジェクトのサポートを実施。

●経理の専門家

　プライシングプロジェクト（P02）では、経理部門担当がSMEとして参画し、価格設定や価格表の作成などについてサポート。

●ITシステムの専門家

　システム構築プロジェクト（P03）ではIT部門担当者がSMEとして参画し、ネットワーク等の社内インフラ環境整備などをサポート。

●人事の専門家

　人材強化プロジェクト（P04）では人事部門担当が参画し、人材評価プロセス等の検討をサポート。

⑦その他

　定常業務のオペレーションを実施している各部門の関係者はプログラムのステークホルダーとして影響を及ぼすことにより、ステークホルダーを特定し適切なコミュニケーションを実施。

　以上、プログラムマネジメントの実践例を紹介しました。これは一つの例ですが、皆さまが所属されている（支援されている）企業・組織においても、経営戦略や経営計画に基づいたアクションとして、この例のように複数のプロジェクトを同時並行で実施していることが多いのではないでしょうか。

　紹介しましたプログラムマネジメント手法を参考にしていただき、プロジェクト（プログラム）の成果を創出し、経営への貢献に活用いただければと思います。

CHAPTER
04

経営戦略に整合した
プロジェクトの
見極め手法

経営戦略に整合した
プロジェクトの見極め手法

　本章では、第2章で解説しました「戦略のマネジメント」の手法を紹介します。

　「戦略のマネジメント」は経営戦略・経営計画を達成するために、ポートフォリオコンポーネント（プロジェクトやプログラム）の成果およびポートフォリオの価値を、経営戦略・経営計画の目標に紐づくようにする活動で、ポートフォリオマネジメントのいわば肝になる部分です。経営戦略・経営計画に整合した正しいポートフォリオコンポーネント（プロジェクトやプログラム）をどのように見極めていけば良いかなど、具体的な手法を解説します。ポートフォリオコンポーネントにはプロジェクトやプログラムがありますが、説明の都合上プロジェクトに限定して記載しております。プログラムを見極める場合も同じ考え方です。

　まず、経営戦略・経営計画（中期経営計画の取組内容や経営指標）の調査結果を紹介します。そのうえで、中期経営計画目標とプロジェクトの成果との整合、プロジェクトの優先順位付けについて、順に説明していきます。

SECTION 02 経営戦略・経営計画を知る （中期経営計画概要の調査結果）

　まず、近年の企業・組織の経営戦略・経営計画はどのような内容になっているかをみていきましょう。

　多くの企業ではビジョン・ミッション、経営戦略を掲げ、その内容に基づき経営計画を策定しています。日本のほとんどの大手企業では、三年から五年間の中期経営計画を策定しており、その取り組み内容と、設定している主な達成目標（指標）を2021年および2022年に調査しましたので（図表4-1）、その結果を紹介します。

■ 図表4-1　主な上場企業の中期経営計画内容の調査（筆者の独自調査）

＜1回目の調査＞	
調査時期	2021年11月～12月
調査対象	上場企業 売上高ランキング（日経電子版.2021/10/18更新）の上位100社の内ホームページ等で中期経営計画を公表している企業89社
調査内容	中期経営計画で取り組んでいる主な内容と、達成目標としている主な指標
＜2回目の調査＞	
調査時期	2022年12月
調査対象	上場企業 売上高ランキング（日経電子版.2022/11/15更新）の上位100社の内ホームページ等で中期経営計画を公表している企業81社
調査内容	中期経営計画で取り組んでいる主な内容と、達成目標としている主な指標と、中期経営計画の変更の有無について（目標修正や戦略変更など）

(1) 中期経営計画の主な取り組み内容

　中期経営計画の期間は三年または五年に設定している企業が多く、既存事業の強化に加え、新規事業（成長分野）への取り組みを多くの企業で実施しています。またデジタルトランスフォーメーション（DX）や、事業ポートフォリオの最適化・管理に取り組んでいる企業が増加

傾向にあります（図表4-2参照）。

■ 図表4-2　中期経営経営計画の主な取り組み内容

調査 （対象企業数）	計画 期間	主な取り組み内容（取り組んでいる企業の割合%）					
		既存事業 強化	新規事業 （成長分野）	M&A	業務改革 （DX等）	CSR関連 (*1)	事業ポートフ ォリオの最適 化・管理
1回目 （n = 89社）	3〜5年	100%	93.3%	27.0%	46.1%	92.1%	41.6%
2回目 （n = 81社）	3〜5年	100%	96.3%	25.9%	70.4%	93.8%	56.8%

（*1）CSR 関連（Corporate Social Responsibility）には、ESG（Environment, Social, Governance）
　　やSDGs（Sustainable Development Goals: 持続可能な開発目標）への取り組みも含む

　事業ポートフォリオの最適化・管理については、皆さまも目にされ
たことがあるかと思いますが、ボストンコンサルティング・グループ
のプロダクトポートフォリオ管理（事業ポートフォリオ管理）に基づ
くものです。図表4-3のとおり、事業が四象限のどの領域に該当するか
を分類して各事業の戦略を立てる有用な手法となります。

■ 図表4-3　事業ポートフォリオ管理の考え方

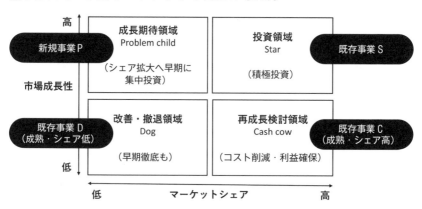

引用：あさ出版「経営計画 策定・実行の教科書（著者 内海康文）」の第2章をもとに筆者記載

　四象限のそれぞれの領域におけるアクションの例としては次のとお

りです。

①成長期待領域（P.108 図表4-3左上）

　マーケットシェアが低いが市場成長性が高い成長分野の新規事業Ｐであれば、シェア拡大へ早期に投資する

②投資領域（P.108 図表4-3右上）

　マーケットシェアが高く市場の成長性も高い既存の事業Ｓであれば、さらに積極的に投資する

③再成長検討領域（P.108 図表4-3右下）

　マーケットシェアが高いが市場成長性は低い既存の事業Ｃであれば、コスト削減などを徹底し、利益を確保する

④改善・撤退領域（P.108 図表4-3左下）

　マーケットシェアが低く市場成長も期待できない既存事業Ｄであれば、早期撤退や売却などを検討する

　紹介したのは、あくまでも一般的な例ですが、先ほどの調査の通り、こういった事業ポートフォリオの最適化や管理を中期経営計画の中で明確にうたっている企業が増加しており、二回目の調査では約57％の企業がこの事業ポートフォリオ管理に取り組んでいます。

▌▌▌（2）中期経営計画の主な指標

　主な取り組み内容は前述のとおりですが、その取り組みにおいて設定している主な経営指標についての調査結果がP.110 図表4-4です。売上、利益（利益率）に加え、ROEやROICといった稼ぐ力（投資に対する利益）をはかる指標の設定が目立ち、キャッシュフロー（CF）関連

の目標を設定している企業が増えてきております。

■ 図表4-4　中期経営経営計画の主な指標

調査 (対象企業数)	主な指標（数値目標を設定している企業の割合%）						
	売上	利益 (利益率含)	ROE	CF関連 (*2)	ROIC	株主還元 (配当性向)	CSR関連 (*3)
1回目 (n = 89社)	60.7%	86.9%	68.5%	36.0%	23.6%	51.7%	30.3%
2回目 (n = 81社)	55.6%	93.8%	70.4%	45.7%	32.1%	61.7%	53.1%

(*2) キャッシュフロー（CF）関連には、営業CF、フリーCF、CCC（Cash Conversion Cycle）など
の目標を含む
(*3) CSR 関連（Corporate Social Responsibility）には、ESG（Environment, Social, Governance）
や SDGs（Sustainable Development Goals: 持続可能な開発目標）の目標も含む

　近年、多くの企業が着目している稼ぐ力（投資に対する利益）をは
かる ROE と ROIC ですが、意味合いが異なりますので少し解説します
（図表4-5）。

■ 図表4-5　ROE と ROIC

指標	日本語名称	算出式
ROE (Return On Equity)	自己資本利益率	ROE ＝当期純利益／自己資本（株主資本）
ROIC (Return On Invested Capital)	投下資本利益率	ROIC ＝税引き後営業利益／投下資本

① ROE について

　株主が出資した資金に対してどれだけ稼いだかを株主目線で設定し
た指標といえます。

　算出式の分母が自己資本（株主資本）より、この分母を減らすこと
（例えば金融機関から借り入れし自社株を購入すること等）により ROE
が向上しますので、ビジネスの業績とは関連しないことでも変動しま
す。

② ROIC について

ROIC は、ビジネスに使っていない資産については考慮しない（非事業領域は含めない）ことより、事業の運用視点つまり事業の評価に用いられる指標といえます。よって事業のポートフォリオ管理や新規事業への投資などに用いられています。

図表4-6の ROE、ROIC のイメージを参照ください。

ROE は、バランスシートの右側の自己資本（株主資本）が分母で、分子はリターンとしての純利益です。一方 ROIC は、資本を調達する側の視点では、バランスシートの右側の自己資本（株主資本）と他人資本の合計を分母とし、分子は税引き後の営業利益で算出します。また ROIC は、事業を運用している視点から算出することも出来、分母をバランスシートの左側の固定資産と運転資本の合計として算出する場合もあります。

■ 図表4-6　ROE、ROIC のイメージ

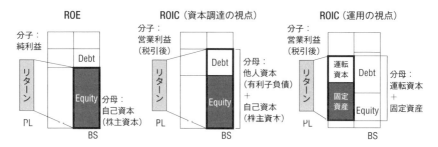

引用：日経BP社「ROIC経営」（あずさ監査法人[編]）図1-27, 1-28をもとに筆者記載

▌▌▌（3）中期経営計画の変更の有無について

二回目に実施した調査（2022年12月）において、中期経営計画の変更が過去一年間にどの程度あったかの調査を実施しております。結果

は図表4-7のとおりです。

■ 図表4-7　中期経営計画の変更に関する調査

調査	何らかの変更を実施した企業の割合（過去1年間）			
2回目調査 (n = 81社)	74.1%（60社）			
	更新（次期計画への移行）		計画途中の見直し	
	28.4%（23社）		45.7%（37社）	
	目標値の 修正・追加	戦略やアクション の変更・追加	目標値の 修正・追加	戦略やアクション の変更・追加
	28.4%（23社）	25.9%（21社）	43.2%（35社）	34.6%（28社）

　過去一年間で何らかの計画変更や見直しを実施した企業が60社ありました。その内の23社は計画の最終年度を終え次期計画に移行した際の変更でしたが、それ以外の37社（45.7%）は中期経営計画途中に計画の変更（目標値の修正・追加、戦略やアクションの変更・追加）を実施しています。

SECTION 03

中期経営計画の目標と
プロジェクトの成果との整合

　ここまで、中期経営計画の取り組み内容や指標についての調査結果を紹介しましたが、ポートフォリオコンポーネントであるプロジェクトの成果は、中期経営計画の取り組み内容や指標と整合がとれている必要があります。皆さまが所属されている（または関わっておられる）企業・組織では、既に多くのプロジェクトを実行している状況かと思います。それらのプロジェクトの成果は経営計画と整合が取れていて経営指標の達成に貢献できていますでしょうか。企業・組織の状況によって異なる点もあるかと思いますが、見極めるひとつの手法を解説します。

■ 図表4-8　中期経営計画とプロジェクトの成果との整合（見極め）

STEP① 洗い出し	STEP② 分類	STEP③ 時間軸確認	STEP④ KPI貢献 明確化
STEP① 実行している プロジェクト を洗い出す	STEP② プロジェクトを事業 ポートフォリオ（新 規、既存等）で分類 し、戦略との整合を 確認する	STEP③ プロジェクトの タイムラインを 明確にする	STEP④ プロジェクトの中期 経営計画指標への 貢献を明確にする

　中期経営計画の目標（取り組み内容、指標など）と、実行しているプロジェクトの成果との整合（結びつけ）を図表4-8に記載した四つのステップで確認していきます。

　最初のステップ①は、実行しているプロジェクトをすべて洗い出します。ステップ②では、プロジェクトを事業ポートフォリオ（新規事業、既存の事業など）で分類し、経営戦略との整合を確認します。ス

テップ③では、プロジェクトのスケジュールと中期経営計画の年度との整合を確認します。最後のステップ④では、プロジェクトの成果が中期経営計画のどの指標に貢献するのかを明確にします。

それぞれのステップについてみていきましょう。

(1) プロジェクトの洗い出し（ステップ①）

実行しているプロジェクトを全て洗い出します。多くのプロジェクトを様々な部門、部署で実行している状況かと思います。大きな企業になればなるほど、社内で実行しているプロジェクトを全て把握することは簡単ではないと思いますが、現場レベル、部門レベル、全社レベル、短期的、中長期的なもの、小規模プロジェクトから大規模プロジェクトまで、企業・組織で実行しているプロジェクトを関係者に協力してもらい洗い出して全容を把握します（図表4-9）。

■ 図表4-9　プロジェクトの洗い出し

【企業組織で実行しているプロジェクト例】			
業務標準化	働き方改革	新製品・ソリューション開発	M&A,PMI　事業譲渡
組織改革	製品コスト改善	製品開発プロセス改善	海外ビジネス確立
組織生産性改善	営業業務革新	サプライチェイン改革	インフラ整備・更新
営業拠点統合	調達プロセス革新	在庫削減	人材育成
生産拠点追加、統合	規制改革準拠	デジタルトランスフォーメーション（DX）	
CSR（SDGs）関連	ブランド向上		

各事業部門、部署等で実行しているプロジェクトを規模に関わらず洗い出す

洗い出したプロジェクトをリストにまとめますが、リストにはプロジェクト名、目的、達成目標、担当PM、スケジュールなどを含めて一覧できるようにします。

(2) 事業ポートフォリオにおける分類（ステップ②）

　ステップ①で洗い出したプロジェクトを事業ポートフォリオごとに分類します。この目的は、企業の事業ポートフォリオの戦略（どの事業にどれだけ投資するか、どの事業を成長させるのか等の戦略）に、実行しているプロジェクトのベクトルが合っているか、整合が取れているかの確認になります。各領域にどのくらいのプロジェクトを実施しているのかを明確にし、方向性が合っているかを確認します。図表4-10プロジェクトの事業ポートフォリオにおける分類（例）を参照ください。

■ 図表4-10　プロジェクトの事業ポートフォリオにおける分類（例）

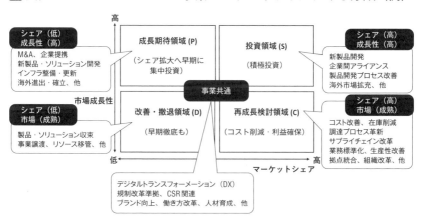

　例えば、左上の成長期待領域に、成長に向けた適切なプロジェクトを実行しているのであれば問題ありませんが、左下の改善・撤退方向の既存事業に、投資額の多いプロジェクトを実行しているのであれば、これは何らかの見直しが必要になるなど、分類することによって見えてくることがあります。

(3) 中期経営計画のスケジュールとの整合（ステップ③）

　ステップ①、②で確認・分類したプロジェクトの時間軸を確認します。リスト化した内容に中期経営計画の時間軸の中で、プロジェクトがどうスケジュールされているかを明確にします。図表4-11 プロジェクト一覧（例1）を参照ください。

■ **図表4-11　プロジェクト一覧（例1）**

【リスト化の例】各事業におけるプロジェクト一覧（1/2）

事業分類	事業ドメイン	プロジェクト名称	概要	担当PM	中計スケジュール			達成目標
					2023	2024	2025	
P（新規）	創薬関連事業	M&A Project	海外スタートアップ企業の買収	K.C	○	○	◎	ビジネスモデル確立（2025）
S（既存・投資）	医療関連事業	アライアンスProject	海外医療機器ベンダーとのエコシステム構築	T.N	○	○	◎	海外シェア5％アップ（2025）
S（既存・投資）	医療関連事業	新製品Project	新製品・ソリューション開発	S.N	○	◎		売上・利益10％アップ（2024）
S（既存・投資）	医療関連事業	開発プロセス改善Project	製品開発プロセスのアジャイル化	Y.O	○	◎		開発サイクル短縮20％改善（2024）
C（既存・再成長）	化学関連事業	在庫Project	在庫削減・適正化	T.S	◎			在庫5％削減（2023）
C（既存・再成長）	化学関連事業	コスト削減Project	集中購買化	S.K	◎			材料調達コスト3％削減（2023）

○ 実行、◎実行および目標達成年

　このリストはあくまでも例で、実際にはもう少し詳細に記載することになりますが、プロジェクトの目標達成年度を、中期経営計画の初年度なのか最終年度なのかなど、いつ中期経営計画に貢献できるのかをリストに盛り込みます。

（4）中期経営計画の指標との整合（ステップ④）

　リストに、売上、利益、ROICなどの中期経営計画の指標を追記します。

　プロジェクトの成果が、売上、利益、ROICなどの指標に、いつ、どの年度に貢献するのかを記載します。図表4-12プロジェクト一覧（例2）を参照ください。

■ 図表4-12　プロジェクト一覧（例2）

【リスト化の例】各事業におけるプロジェクト一覧 (2/2)

事業分類	事業	プロジェクト名称	売上			利益			ROIC			備考
			2023	2024	2025	2023	2024	2025	2023	2024	2025	
P（新規）	創薬関連	M&A Project			◎			◎			▲	売上・利益はプラスだが、M&Aで取得した資産が増加し一時的にROICダウン（2025）
S（既存・投資）	医療関連	アライアンス Project			◎			◎			―	目標：海外シェア5%アップ（2025）→シェア拡大により売上、利益アップ
S（既存・投資）	医療関連	新製品開発 Project		◎		▲	◎		▲	◎		目標：売上、利益10%アップ（2024）→利益増加によりROICアップ→開発投資により（2023）は利益、ROICダウン
S（既存・投資）	医療関連	開発プロセス改善 Project		―			―			◎		目標：開発サイクル短縮20%改善（2024）→固定資産回転率を上げROICアップ
C（既存・再成長）	化学関連	在庫 Project	―			◎			◎			目標：在庫5%削減（2023）→仕入れを減らし、棚卸資産回転率向上で利益、ROICアップ
C（既存・再成長）	化学関連	コスト削減 Project	―			◎			◎			目標：材料調達コスト3%削減（2023）→売上原価を下げ利益、ROICアップ

◎ プラス側にふれる、▲ マイナス側にふれる、― 影響少ない

　プロジェクトを実施することによって、最終的に売上や利益がプラス側にふれることを目指すわけですが、プロジェクトの内容によって

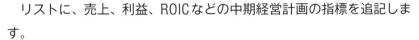

は、一時的に利益やROICが減少したりします。

　例えば、新製品開発プロジェクトであれば、一時的に開発投資が増え、利益やROICに影響が出たりすることもあります。新製品開発を完了し、上市した後は売上が増え、減価償却の額が増えたとしても利益が伸びるなど、中期経営計画のそれぞれの指標にいつ、どう影響するかを明確にすることが必要です。また、在庫削減プロジェクトの例ですと、滞留在庫を削減することにより、最適な資産で利益を上げることができROICがアップするなどがあります。

　売上や利益については、プロジェクトの成果が比較的直結しますのでわかりやすいと思いますが、ROICについては直感的にわかりにくいところもありますので、少し解説します。図表4-13のROICツリー（例）を参照ください。

■ 図表4-13　ROICツリー（例）

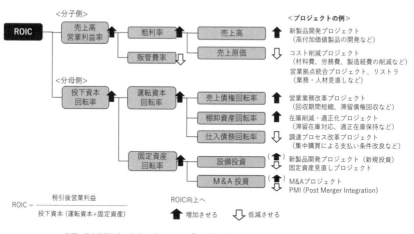

引用：日本能率協会マネジメントセンター「ROIC超入門」の図2.28をもとに筆者記載

　ROICについては、中期経営計画の主な指標で説明しましたが、稼ぐ力を測る指標で、投下資本分の税引き後の営業利益で算出されます。算出式の分子側と分母側を分解したものがこのROICツリーといわれているものです。

　このように、分解すると、どのようなことがROICに影響するかが解ります。例えば、分子側ですと、売上高が上がり、売上原価が下がれば、利益は向上しますので、ROICはアップしますし、

　分母側ですと、運転資本や固定資産を減らして回転率を上げれば分母は減り、ROICはアップします。

　P.118 図表4-13の右側に、プロジェクトの例を記載していますが、実行しているプロジェクトがROICツリーのどこに影響を及ぼすかを理解することが必要になります。

　新製品開発プロジェクトの例ですと、魅力ある付加価値の高い製品をリリースして、売上高を上げることになりますが（分子側）、その反面、新製品開発のための投資もありますので、固定資産も増えることになります（分母側）。

　また、在庫削減・適正化プロジェクトの例ですと、滞留在庫を削減したりし、適正な在庫保持を実現することにより、棚卸資産の回転率が上がります（分母側）。

　このように、それぞれのプロジェクトがROICにどう影響するか、ROICを向上させるためには、どのようなプロジェクトを実行し成果を創出すべきかを理解することが重要になります。

▕▕▕ （5）整合事例

　中期経営計画の指標とプロジェクトの成果との整合について、事例を紹介します。

　中期経営計画達成のためのポートフォリオの事例を、P.120 図表4-14に記載しております。

■ 図表4-14　中期経営計画とポートフォリオ（事例）

中期経営計画（事例）	
期間	2018年度～2020年度の3年間
目標	成熟した既存事業の付加価値を高め収益を改善する
指標	売上高、営業利益、営業利益率、ROICの向上（実際の目標数値は割愛）
ポートフォリオの内容（事例）	
概要	中期経営計画の目標（指標）を達成するために、自社だけでなくグループ企業間のシナジーを追求することを掲げ、中期経営計画に整合したグループ企業横断型プロジェクト等を立ち上げてポートフォリオのコンポーネントとして構成し実行。
構成： 主なポートフォリオ コンポーネント （プロジェクト）	• 販売シナジープロジェクト（グループ企業横断） • 営業業務改革プロジェクト • システム導入業務の標準化プロジェクト • 集中購買化プロジェクト（グループ企業横断） • 在庫削減・適正化プロジェクト • 製品開発強化プロジェクト（グループ企業横断）

　各プロジェクトの成果と、中期経営計画の指標との整合事例を図表4-15に示します。

■ 図表4-15　中期経営計画の指標とプロジェクトの成果の整合（事例）

中期経営計画の 主な指標等	PL指標					事業ROIC		
	売上高	売上原価率	販管費率	営業利益	営業利益率	税引後営業利益	投下資本（運転資本）	ROIC
2020年度 実績 （対2018年度）	1.2倍増	7.5%改善	1.8%改善	3倍増	9.4%改善	3.2倍増	1.1倍増	13.8%改善

2018年～2020年の 主なプロジェクト	売上高			売上原価率			販管費率			営業利益			営業利益率			税引後営業利益			投下資本			ROIC		
	'18	'19	'20	'18	'19	'20	'18	'19	'20	'18	'19	'20	'18	'19	'20	'18	'19	'20	'18	'19	'20	'18	'19	'20
グループ企業横断 販売シナジープロジェクト		↑	⬆					↓	⬇		↑	⬆		↑	⬆		↑	⬆					↑	⬆
営業業務改革プロジェクト								↓	↓		↑	↑		↑	↑		↑	↑					↑	↑
システム導入標準化 プロジェクト					↓	↓					↑	↑		↑	↑								↑	↑
グループ企業横断 集中購買化プロジェクト				⬇	⬇					⬆	⬆	⬆	⬆	⬆		⬆	⬆						⬆	⬆
在庫削減・適正化 プロジェクト																			↓	↓	↓	↑	↑	↑
グループ企業横断 製品開発強化プロジェクト		↑	⬆								↑			↑	↑					↑	⬆		↓	⬇

⬆増加幅大、↑増加幅小、⬇減少幅大、↓減少幅小

それぞれのプロジェクトが各年度の指標にどう貢献したかをあらわしています。

　具体的な額は割愛し、矢印（向きと大きさ）で表現していますが、それぞれのプロジェクトの成果が、各年度の売上高、原価率、販管費率、営業利益、ROICなどの指標に貢献した結果、中期経営計画の最終年度（2020年度）には、対2018年度から大幅に改善したことが出来た事例になります。

　このように中期経営計画の指標とプロジェクトの成果が整合していることは、中期経営計画の目標（指標）を達成することに直結しますので、正しいプロジェクトを選定して実行することは極めて重要です。

中期経営計画における
プロジェクトの優先順位付け

次に、どのようにプロジェクトを優先順位付けし、正しいプロジェクトを選定していくのかについて解説します。ここでは中期経営計画におけるプロジェクトの優先順位付けの手法を紹介します。

次の（1）から（4）の検討を実施し、（5）の総合評価で優先順位を決定します。

（1）戦略との関連性における優先順位付け
（2）目標達成における重要性による優先順位付け
（3）目標達成における実現性による優先順位付け
（4）各指標への貢献度合を評価する
（5）総合評価で優先順位を決定する

順にみていきましょう。

▌▌▌（1）戦略との関連性における優先順位付け

まず、これは大前提になりますが、中期経営計画の戦略と関連したプロジェクトかどうかを評価します。

①中期経営計画の取り組みと関連があるかどうかの確認

プロジェクトへ投資するリソースは限られていますので、既存事業の強化、新規の成長分野への取り組みなど、掲げている戦略にそったプロジェクトかどうかを評価します。

② 事業ポートフォリオの戦略と整合がとれているかの確認

　事業ポートフォリオにおける分類（P.115 図表4-10）で説明しましたが、事業の方向性にそったプロジェクトかどうかを確認します。例えば、シェアが低く成長が望めずどちらかというと撤退方向である既存事業におけるプロジェクトであれば、優先順位は低く、場合によっては取りやめを検討する必要があるかもしれません。

▌▌ （2）目標達成における重要性による優先順位付け

　次に、中期経営計画の目標達成における重要性を分類し、優先順位付けを実施します。図表4-16を参照ください。

■ 図表4-16　優先順位付け（重要性分類）

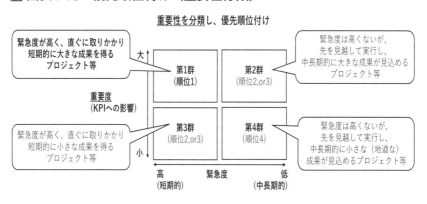

企業・組織の戦略や状況に応じて、分類した第1群～第4群の優先順位を決定する

　縦軸に重要度（KPI指標への影響度）を、横軸に緊急度（短期的か中長期的か）をとり、この四象限で、第一群から第四群に分類して、優先順位を確認します。例えば、第一群は、緊急度が高く、すぐに取りかかり、短期的に大きな成果を得られるプロジェクトより優先順位が高く、第四群は、緊急度は低く、中長期的に先を見越して実施し、地道な成果を上げていくようなプロジェクトで優先順位は低いとなり

ます。

　これらは、企業・組織の状況によって、第一群から第四群の優先順位は変わってきますので、状況に合わせて決めていただくと良いと思います。

▎▎▎（3）目標達成における実現性による優先順位付け

　次に、中期経営計画の目標達成における実現性を難易度やリスク等を考慮して分類し、優先順位付けを実施します。図表4-17を参照ください。

■ 図表4-17　優先順位付け（実現性分類）

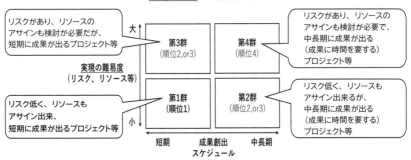

　縦軸は実現の難易度で、これはリスクやリソースなどを考慮した実現性の観点で評価します。

　横軸は成果がいつ見込めるかのスケジュールです。この四象限で、第一群から第四群に分類して、優先順位を確認します。例えば、第一群はリスクが低く、リソースもアサイン出来、短期に成果が出るプロジェクトなので優先順位が高く、第四群はリスクが高く、リソースの検討も必要で、中長期に成果が出る（成果に時間を要する）プロジェ

クトで優先順位は低いなどとなります。こちらも、企業・組織のおかれている状況によって、第一群から第四群の優先順位は変わってくると思いますので、状況等に応じて決めていただければと思います。

▌▌▌（4）各指標への貢献度合を評価する

　四つ目の最後の項目ですが、これは中期経営計画の各指標への貢献度合を評価します。プロジェクトの成果が、中期経営計画の指標（売上、利益、ROICなど）にどう貢献しているか（貢献度合）を定量的に評価しスコア化して、(5)に記載する総合評価にそのスコアを用いて優先順位を決めていきます。以下は、貢献度合（改善%）に基づき点数をつける例です。

＜点数化の例＞
- ◎　2%以上の改善を見込める（5点：指標ごとに点数化）
- ○　1〜2%未満の改善を見込める（3点：指標ごとに点数化）
- △　0〜1%未満の改善を見込める（1点：指標ごとに点数化）
- ▲　悪化（0点）

　ここに記載しているのはあくまでも例ですが、例えば、売上高に対し2％以上の改善を見込めるのであれば、◎の5点、1〜2％の改善であれば○の3点などと点数化します。利益やROICなど他の指標についても同様に点数化しますが、重要視している指標に対しては点数に重み付けすることも検討します（利益を重視していているのであれば、利益の点数に重み付けして点数を2倍にするなど）。何点に設定するか、重み付けをどうするかは、実際のビジネスの戦略や状況に応じて検討します。

（5）総合評価で優先順位を決定する

　以上、説明しました（1）戦略との整合、（2）重要性、（3）実現性、（4）指標への貢献度合を総合的に判断して優先順位を決定します。（1）、（2）、（3）、（4）の各項目の重み付けを実施して、プロジェクトの総合スコアを算出して優先順位を決定する方法を説明します。図表4-18に総合評価の例を示します。

■図表4-18　総合評価（例）

プロジェクト名	（1）中計戦略との関連 *1 a	（2）重要性分類 *2 b	（3）実現性分類 *2 c	（4）中計KPI（最終年）への貢献 *3			総合スコア *4	優先順位
				売上 d1	利益 d2	ROIC d3		
販売シナジージェクト	○（1点） 関連有り	第1群（5点） 直ぐに取りかかり大きな成果見込	第1群（5点） リスク低く短期に成果見込	◎（5点） 売上、利益、ROICとも2%以上の改善見込	◎（5点）	◎（5点）	100点	1
営業業務改革プロジェクト	○（1点）	第3群（2点）	第1群（5点）	-	○（3点）	○（3点）	55点	3
導入業務標準化プロジェクト	○（1点）	第2群（3点）	第2群（3点）	-	○（3点）	○（3点）	51点	4
集中購買化プロジェクト	○（1点）	第1群（5点）	第3群（2点）	-	◎（5点）	◎（5点）	73点	2
製品開発強化プロジェクト	○（1点）	第2群（3点）	第4群（1点）	◎（5点）	○（3点）	▲（0点）	49点	5

企業・組織の戦略や状況をもとに、各評価項目の重み付けを検討（以下は例）
*1 中計戦略との関連：○ 関連有（1点）、X 関連無（0点）
*2 重要性および実現性分類の重み付け：第1群（5点）、第2群（3点）、第3群（2点）、第4群（1点）
*3 中計KPI（最終年）への貢献の重み付け：◎ 2%以上改善（5点）、○ 1-2%未満改善（3点）、△ 0-1%未満改善（1点）、▲ 悪化（0点）
*4 総合スコア計算（100点満点）：a×（b×**4**＋c×**4**＋（d1＋d2×**2**＋d3）×**3**）、太文字は重み係数

　表の一番上の、「販売シナジープロジェクト」の例をみていきましょう。

（1）の中期経営計画と関連はあるので、1点

（2）の重要性は、すぐに取りかかり大きな成果が出るので、5点

（3）の実現性は、リスクが低く短期に成果が見込めるので、5点

（4）の売上、利益、ROICへの貢献度は、それぞれ2％以上の改善が見込めるので、各5点

　また、総合スコアは *4の式で算出しており、重み付けを考慮した式になっています。

　重要性bに4倍の重み付け、実現性cにも4倍の重み付け、d1, d2, d3の指標全体には3倍の重み付け、d2の利益には2倍の重み付け係数をかけています。その結果、「販売シナジープロジェクト」の総合スコアは100点となり、優先順位が1番となります。

　以上、定量化してプロジェクトの優先順位を決定する方法を説明しました。点数や重み付けについては、実際のビジネスの戦略や状況に応じて決めていく必要がありますが、なかなか簡単にはいかないと認識しております。実際には、色々と試行錯誤しながら、検討していくことが必要になります。また、中期経営計画は三〜五年間で計画されていますが、前述のとおり、計画途中で目標値の修正・追加や戦略・アクションの変更・追加がビジネスの状況に応じて発生しますので、その都度、プロジェクトの整合を確認していく必要があります。

　この例は、ひとつの手法として参考にして頂ければと思います。

投資・回収の観点からの プロジェクトの優先順位付け

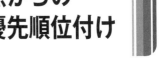

　ここまで、中期経営計画におけるプロジェクトの優先順位付けについて解説しましたが、次にプロジェクトの投資と回収の観点で優先順位を検討する方法を説明します。

▌▌▌（1）投資利益率：ROI（Return On Investment）

　投資対効果をはかる指標です。投資に対する利益の割合になりますので、プロジェクトの投資額に対して見合った利益を生むかどうかの判断指標になります。

$$ROI = \frac{利益}{プロジェクトの投資額} \times 100 \,(\%)$$

　ROI（投資利益率）が高いプロジェクトを優先することになりますが、時間の概念を取り入れておらず、非常にシンプルな考え方です。次に時間の概念を考慮したNPV（正味現在価値）とIRR（内部収益率）についてみていきましょう。

▌▌▌（2）正味現在価値：NPV（Net Present Value）

　投資するプロジェクトが生み出すキャッシュフローの現在価値の総和（初期投資を含む）のことを正味現在価値（NPV）といいます。投資によって将来発生するキャッシュフローの現在価値（PV：Presented Value）から投資額を差し引いて求めます。

$$\boxed{\text{NPV} = \text{PV (現在価値)} - \text{投資額}}$$

ここでいう現在価値とは、将来に受け取るキャッシュが、現時点でどのくらいの価値があるかを表したものです。将来のキャッシュフローを現在の価値に割り戻す時間の概念を取り入れたDCF（Discounted cash flow）法で算出します。算出式は以下のとおりです。

$$\text{PV (現在価値)} = \frac{\text{CF1}}{(1+r)} + \frac{\text{CF2}}{(1+r)^2} + \frac{\text{CF3}}{(1+r)^3} + \cdots + \frac{\text{CFn}}{(1+r)^n}$$

CF：キャッシュフロー、n：n年後、r：割引率

プロジェクトへ投資して、そのプロジェクトから得るキャッシュフロー（CF）の例をみていきましょう。図表4-19を参照ください。

■ 図表4-19　プロジェクトのキャッシュフロー（例）

プロジェクトA		0年目	1年目	2年目	3年目	4年目	5年目
投資額 (M¥)	50.0	50.0	0.0	0.0	0.0	0.0	0.0
CF (M¥)		-50.0	10.0	10.0	20.0	20.0	20.0
PV 現在価値 (M¥)	68.0	－	9.5	9.1	17.3	16.5	15.7
NPV (M¥)	18.0						（割引率5%）

このプロジェクトAへの投資額は初年度の50M¥で、それに対し一年目から二年目にそれぞれ10M¥、三年目から五年目にそれぞれ20M¥のプラスのキャッシュフローがある例です。この一年目から五年目の将来に得られる額は、割引率を考慮した現在価値（PV）に割り戻して判断します。PVは、割引率が5%とした場合、次の式で求められ68M¥となります。

$$PV = 10/(1+0.05) + 10/(1+0.05)^2 + 20/(1+0.05)^3 + 20/(1+0.05)^4 + 20/(1+0.05)^5 = 9.5 + 9.1 + 17.3 + 16.5 + 15.7 = 68.0$$

よって、NPVは現在価値から投資額を引いた値より、NPV = 68.0 - 50.0 = 18.0となります。

NPVが0（ゼロ）より大きければ、そのプロジェクトに投資します。プロジェクトの優先順位付けの場合は、NPVがより大きい方を選択します。以下の図表4-20はその例で、この場合はProject Bの優先順位が最も高いということになります。

■ 図表4-20　NPVによるプロジェクトの優先順位付け

プロジェクト	投資額 (M¥)	PV現在価値 (M¥)	NPV (M¥)	優先順位
Project A	50.0	68.0	18.0	2
Project B	110.0	129.9	19.9	1
Project C	80.0	75.8	-4.2	実施しない

||| (3) 内部収益率：IRR（Internal Rate of Return）

NPVと同様、DCF法を用いた指標ですが、投資によって得られる将来のキャッシュフローの現在価値と、投資額の現在価値が等しくなる割引率を内部収益率（IRR）といいます。つまりIRRは、投資した額と同じCFを得る時（NPVをゼロとした時）の割引率となり、次の式で求めることができます。

$$-CF0 + \frac{CF1}{(1+r)} + \frac{CF2}{(1+r)^2} + \frac{CF3}{(1+r)^3} + \cdot\cdot\cdot + \frac{CFn}{(1+r)^n} = 0 （ゼロ）$$

CF0：初期投資額、CFn：n年目のキャッシュフロー、r：IRR

　早期にCFを得ることが出来るプロジェクトほどIRRは高くなりますので、収益率の高いプロジェクトを選定します。IRRを用いたプロジェクトの優先順位付けの例を図表4-21に示します。

　この場合は、最も内部収益率（IRR）が高いProject Aの優先順位が高いという結果となります。

■ 図表4-21　IRRによるプロジェクトの優先順位付け

プロジェクト	投資額 (M¥)	PV現在価値 (M¥)	NPV (M¥)	IRR	優先順位
Project A	50.0	68.0	18.0	15.6%	1
Project B	110.0	129.9	19.9	11.3%	2
Project C	80.0	75.8	-4.2	3.4%	3

　ただ、企業・組織において設定した収益率の基準があると思いますので、その基準よりIRRが高いプロジェクトを選択することも考慮に入れる必要があります。

（4）NPVとIRRのどちらを用いるか

　NPVとIRRについて説明しましたが、ではどちらを用いて優先順位付けをした方が良いかについて考えてみましょう。前述のP.130 図表4-20のNPVによる評価ではProject Bの優先順位が高く、図表4-21のIRRの評価ではProject Aの優先順位が高いということになります。

　考え方としては、投資額に制約がない場合はNPVで評価する、投資額に制約がある場合はプロジェクトの収益率が高いものを選択した方が良いのでIRRで評価することが一般的です。

　ただ、企業・組織の経営戦略や状況によって異なってきます。

　企業・組織において経営計画の指標にCFを掲げその達成へ向けて、NPVの額が大きいプロジェクトを複数選択し実行することもあるでしょうし、限られた資源（投資）を、なるべく収益率（IRR）が高い複

数のプロジェクトに配分して実行する場合もあると思います。

　ポートフォリオマネジメントの観点からは、限られた資源を複数の
プロジェクトに配分して価値を最大化していく手法になりますので、
IRRを用いてプロジェクトを評価していることが多いかもしれません。
いずれにせよ、どちらの方法を用いるかは企業・組織の戦略などによ
り異なります。

SECTION

06

優先順位付け結果に基づく対応

　経営計画に整合したプロジェクトの見極めとして、中期経営計画におけるプロジェクトの優先順位付け、投資回収の観点からのプロジェクトの優先順位付けについて解説しましたが、優先順位付けした結果に応じて必要な対応を実施していきます。

　場合によってはプロジェクトを開始した後にプロジェクトを中止することや、プロジェクト計画等の見直しを判断することもあります。

▐▐▐ （1）プロジェクトを中止する

　プロジェクトの優先順位付けについては、一度だけ実施するものではなく、プロジェクトを開始した後に再度優先順付けをやり直すこともあります。中期経営計画の調査結果で示しましたが、実際に中期経営計画の変更（目標値の修正・追加、戦略やアクションの変更・追加）を実施している企業が大半ですので、変更の都度、実施しているプロジェクトが経営戦略・経営計画に整合が維持できていて優先順位等も変更がないかをチェックする必要があります。その結果、当初は優先順位が高かったが、変更後の中期経営計画では戦略との整合がとれず中止せざるを得ないという判断も少ならからず出てきます。そのような際は再度検討した結果で比較的優先順位の高い代替のプロジェクトを選択し、リソースを配分し直すなどの検討が必要となります。

　ただ、このような場合は、プロジェクトコンポーネント間の相互依存関係もあり、ポートフォリオロードマップなどをもとに他への影響を十分に考慮して判断することになります。

CHAPTER

4

経営戦略に整合したプロジェクトの見極め手法

（2）プロジェクト内容を見直す

　同様に、再度優先順位付けを検討した際に、実行しているプロジェクト内容を見直す必要があることもあります。戦略との整合は保たれているのでプロジェクトを中止するまでは必要ない場合でも、プロジェクトの成果目標やスケジュールを変更した方が良いケースがあります。プロジェクトの中止と同じく他のプロジェクトとの間の相互依存内容を考慮のうえ、見直しを検討します。

　以上、経営戦略に整合したプロジェクトの見極めについて解説しました。ポートフォリオマネジメントの重要なマネジメント領域である「戦略のマネジメント」では、戦略に整合した正しいプロジェクトを選択することが必須となります。紹介した見極め方法を参考に役立てていただければと思います。

CHAPTER

05

ポートフォリオ
マネジメントを
実行する組織

SECTION 01 ポートフォリオマネジメントを実行する組織

　企業における組織は、これまでも事業が直面している状況に応じて何らかの組織変更を都度実施してきたと思います。私自身もこれまで在籍した企業において、その時代により組織変更を幾度となく経験して参りました。今後も、企業の成長においては、必要に応じて柔軟に組織を組み替えることなどが求められます。皆さまの所属されている企業においても、近年の様々な状況変化に対応すべく何らかの組織変更を検討し実行されているかと思います。

　ここまでの各章で、プロジェクトエコノミーの到来という状況において、経営戦略・経営計画と整合したプロジェクトを選定し実行していくことが重要で、そのマネジメント手法であるポートフォリオマネジメントを実行していくことが有用であることを解説しました。本章では、このポートフォリオマネジメントを実行する場合の組織形態について解説します。

　まず、従来のオペレーション中心組織の形態と、プロジェクトを実行するにあたっての障壁などを確認します。その上で、新たなプロジェクト型組織の導入や、オペレーション型組織とプロジェクト型組織の両立など、いくつかのケースを紹介します。ポートフォリオマネジメントを取り入れる場合に、現状の組織形態のままで良いのか、何らかの組織変更を実施した方が良いのか等、組織形態を検討される際に参考にしていただける内容を盛り込んでおります。

SECTION 02 従来のオペレーション 中心組織の限界

　まず、従来のオペレーション（定常業務）中心の組織について少し
考えてみましょう。

　多くの日本企業では、図表5-1のようにトップから現場までの階層構
造になっていると思います。

■ 図表5-1　階層構造の組織形態（例）

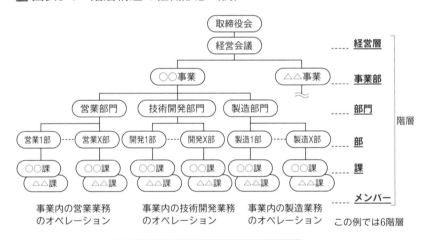

この例では6階層

オペレーション（定常業務）中心の組織

　この例は、事業部単位で独立した事業を実施しており、その事業部
が複数あるケースです。事業部の傘下には営業、技術開発、製造とい
った複数の部門があります。それぞれその部門で決められた業務（定
常業務）を日々実施し、それらのオペレーションにより売上や利益を
創出しているという組織形態です。また、組織の階層が多段階（この
例では経営層からメンバーまでの六階層）となっており、方針や指示

は上から下へと伝え、逆に決裁事項等は下から上にあげて承認や意思決定がなされます。日本企業では、長きにわたってこの階層構造型の組織が主となっており、今もこの形態をとっている企業が多いのではないでしょうか。

　近年、様々な変化に直面している状況で、外部環境や内部環境の変化などに適応し、多くの企業・組織では、既存の業務やプロセスの見直し・改善などに取り組んでいると思います。現状のオペレーション（定常業務）における課題を洗い出し、その課題に対してプロジェクトを立ち上げる等のアクションを実施していることと思います。ただ、オペレーション中心の階層型組織においてプロジェクトを実行する際には、企業の組織形態などによって異なるかもしれませんが、図表5-2の例のような様々な障壁があることも事実です。

■図表5-2　オペレーション中心組織の課題と障壁（例）

取組範囲	業務における課題等	アクション（プロジェクト）	障壁
事業部内の一部門	部門内業務の無駄を排除、改善し、生産性や効率を上げていくことが必要 • コスト削減 • リソースの有効利用など.	部門内で業務改善などのプロジェクト等を立ち上げて実行する	部門のオペレーションが中心より、プロジェクトへの時間とリソースの配分が、オペレーションの負荷状況に左右される
事業部内の複数部門を横断	各部門で共通している、または重複している業務の見直し、改善が必要 部門内だけでは解決できない課題に対する取り組みが必要（例えば、新製品・ソリューションの開発、製造、販売など、部門横断で取り組み、迅速に上市する取り組みなど）	部門横断型のプロジェクト（プログラム）を立ち上げて実行する	部門間の壁がある • 自部門が中心、保守的、業務変更に消極的 • プロジェクトへ自部門の資源を投入することに消極的（プロジェクトメンバーの選出、プロジェクトの予算など） • 誰が（どの部門の人間が）リードするのか決まらない
複数事業部を横断	他事業部と共通している業務を見直し無駄を排除することが必要。（例えば、事業部ごとに持っている類似業務、事業部ごとに基準を設けている、事業部ごとの業務プロセス、ツール、ITシステムなど、共通化して効率を向上、無駄を排除するなど） 他事業部とのシナジーを創出する（例えば、製品・ソリューションとの連携や共同提案などで顧客に提供する付加価値を向上させるなど）	事業部横断型のプロジェクト（プログラム）を立ち上げて実行する	事業部間の高い壁がある • 事業部の目標達成が最優先 • 既存業務プロセス等の変更に消極的（保守的） • プロジェクトへ自事業部の資源を投入することに消極的 • 誰が（どの事業部の人間が）リードするのか決まらない • 誰が（どの部署）が標準プロセスやツールの運用を支援し、ガバナンスを確立するのかが不明

プロジェクト（またはプログラム）を立ち上げて実行していく際に、部門内のアクションの範囲であれば、それほど高い障壁はないかもしれませんが、複数部門をまたがったものや複数事業部を横断したものなど、範囲が広くなればなるほど部門間や事業部間の高い壁が立ちはだかります。階層型の組織構造では、事業部や部門といった単位で分かれており、自らの事業部や部門が最優先となる、いわゆるサイロ化という状況に陥りがちで、大企業になればなるほどサイロ化や部分最適がより顕著になる傾向にあるといわれています。

これまでは、さほど影響はなかった状況かもしれませんが、近年は部門間や事業部間で協力して取り組むべき課題が多く、部門横断型のプロジェクトなどが増加傾向にあり、プロジェクトも広範囲になり複雑さや不確実性が増しています。このような状況では、これまでのオペレーション中心の階層型構造の組織形態のままでは多くの障壁を克服していく必要があり限界があります。では、どのような組織形態が望ましいかについてこの後説明します。その前に、近年の代表的な組織形態についてみていきましょう。

SECTION 03 近年の代表的な組織形態

　新規事業への取り組み、スタートアップ企業における組織形態、既存の事業を継続して維持・発展させていくための組織形態など、どのような組織形態が良いかは、企業・組織のおかれている環境や事業の状況によって変わってきます。近年の組織のあり方や組織改革については、変化に機敏に対応していくアジリティ（機敏性）が重要といわれており、多くの秀逸な書籍も出版されています。

　図表5-3に代表的な組織の形態を示します。

■ 図表5-3　代表的な組織形態

組織形態	組織の特徴	機敏性（変化への対応）
階層型組織	オペレーション（定常業務）中心の組織で従来からある形態。経営層、事業部、部門、部、課、メンバーというように階層化構造をとっている。（P.137 図表5-1参照）	縦の階層が深くなればなるほど、変化への対処等の意思決定が遅くなる
マトリクス組織	オペレーション（定常業務）組織が主だが、事業、エリアなど複数の要素を組み合わせて構成される組織形態。指揮命令系統が複数ある構造をとる。（P.141 図表5-4参照）	指示系統が複数あり、意思決定も複雑になり、迅速な判断が難しい場合がある
フラット型組織	階層を最小限としたフラットな形態で、目的と役割を明確にし、各自が自立し（裁量を持ち）相互に連携して意思決定していく。既存事業から独立した新規事業組織や、スタートアップ企業においてこの形態をとっていることが比較的多い。（P.143 図表5-5参照）	変化への対応等、意思決定が迅速

||| （1）階層型組織

　階層型組織はピラミッド型組織と呼ばれることもあります。指揮命令系統が上位下達の形態です。

　P.137 図表5-1に階層型組織の例を示しましたが、オペレーション

（定常業務）が中心で多段階の階層構造をとっていますので、変化への対応については迅速な判断等が難しい傾向にあります。組織の上位層において意思決定を実施することが多く、組織の末端は上からの指示を待つというケースが多い形態です。既存のプロセスや手法について何らかの変更をかける際には、その影響範囲によって、または権限の範囲によって多くの階層にわたって手続きを実施し決裁をとっていくなど、時間がかかる傾向にあります。ただ各企業では、意思決定基準を設け、各層で判断できる内容・範囲を明確にするなどし、その範囲内であれば迅速に意思決定が可能なよう対応していることが多いでしょうか。

(2) マトリクス組織

　図表5-4にマトリクス組織の例を示します。二つのマトリクス組織を記載していますが、部門と事業のマトリクス組織の例と、部門と地域のマトリクス組織の例になります。一人のメンバー、課、部などが複数の上位層に属する形態です。

■ 図表5-4　マトリクス組織（例）

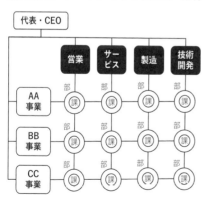

部門と事業のマトリクス組織

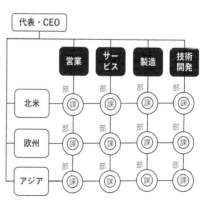

部門と地域のマトリクス組織

部門と事業のマトリクス組織ですと、例えば営業部門からの指示と、AA事業部からの指示の二つの指示系統があるといった形態です。変化への対応について意思決定する場合は、それぞれの系統への影響範囲によって判断が変わる場合や、どちらの系統に重きを置くかにより判断が異なることもあり、複雑です。また、階層型組織と同様に階層が深くなる場合もあります。よって変化が発生した場合に機敏に対応して迅速に意思決定することは容易ではないといえます。部門と地域のマトリクスも同様です。現実的には、二つの系統を等しくバランスをとっていることは少なく、複雑にならないようにどちらか一方をメインとしているケースが多いかもしれません。実際に、メインの指示命令系統をsolid line（実線）と呼び、サブの指示命令系統をdotted line（点線）と呼んで優先する系統を決めている企業もあります。

　その他、複数の指示系統があるケースとしては、第1章のP.27 図表1-4に記載しました部門横断型プロジェクトの組織形態も、オペレーション（定常業務）とプロジェクトのマトリクスの形態をとっている組織構造になります。これはオペレーション（定常業務）がメインでプロジェクトはサブの位置付けの例です。

▌▌▌（3）フラット型組織

　フラット型組織は、組織の階層構造を極力とらない（必要最小限の階層とする）ことからフラット型と呼ばれています。P.143 図表5-5にフラット型組織の例を示します。何らかの変化が発生した場合の意思決定においては、迅速に対応できる機敏性の高い組織形態といえます。

　フラット型組織として、二つの形態を示しています。極力階層を設けない（例えばリーダーとメンバーで構成する）フラットな形態と、上下関係を一切持たずメンバー間が相互に連携するネットワーク形態があり、後者はネットワーク型組織ともいわれています。

■ 図表5-5　フラット型組織（例）

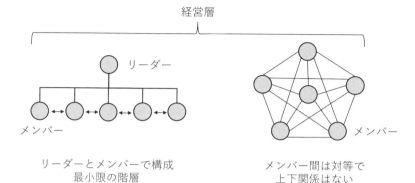

リーダーとメンバーで構成
最小限の階層
（フラットな組織形態）

メンバー間は対等で
上下関係はない
（ネットワーク的組織形態）

　フラット型組織形態においては、次のことを考慮する必要があります。

①経営戦略・経営計画の浸透

　組織のメンバーの自立性や自発性を前提とすることにより、ビジネスにおいて意図しない（間違った）方向に行かないように、経営戦略や経営計画を確実にメンバーに浸透させること。

②メンバーの自律

　組織のメンバーは自らの役割を担い自律し、指示待ちではなく、自身が経営戦略・経営計画、目標をしっかりと理解し、自らの判断で行動すること。

③合意形成

　リーダーを置くフラットな組織形態の場合は、リーダーはメンバーへの情報伝達、メンバー間の調整、戦略との整合を確実にすることや、メンバーとの合意をとり意思決定すること。

④**最適な構成人員**

　リーダーを置かないネットワーク形態の場合は、メンバー間の上下関係はなく対等であり、それぞれが自身の役割をこなし相互に連携をとりながら自身の判断で意思決定する。

　コミュニケーションチャネル（メンバー間の伝達経路）が多くなると連携や情報伝達等が複雑になることを考慮しメンバーの構成、人数を検討すること。（P.143 図表5-5のネットワーク形態の例では、メンバーが六名でコミュニケーションチャネルは15通りある）

　以上、代表的な組織形態について説明しましたが、次にポートフォリオマネジメントを実行する場合には、どのような組織形態をとれば良いかを紹介します。

SECTION 04 プロジェクト型組織

　プロジェクト型組織は、ポートフォリオマネジメントの実行に適した、フラット型に近い組織形態です。第2章で解説しましたが、ポートフォリオマネジメントは、経営戦略に整合したポートフォリオコンポーネント（プロジェクトやプログラム）を選択し実行して、それらの成果からポートフォリオの価値を創出し、経営計画の目標を達成していく一連の活動です。よって、プロジェクト型組織は、ポートフォリオ、プログラム、プロジェクトの三つのマネジメントを実行する組織形態となります。プロジェクト型組織の形態、プロジェクト型組織における役割、役員の関与など、順にみていきましょう。

||| （1）プロジェクト型組織の形態

　プロジェクト型組織は、フラット型組織に近い形態で、ポートフォリオマネジメントをすすめる上での最小限の階層、つまりポートフォリオ、プログラム、プロジェクトの三つのマネジメントの範囲にそった階層があり、それぞれの役割を明確にして価値を創出していく組織形態です。P.146 図表5-6にプロジェクト型組織の例を示します。

■ 図表5-6　プロジェクト型組織（例）

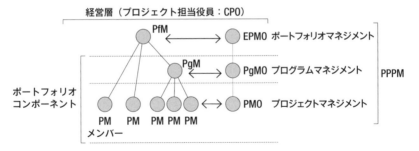

CPO：Chief Project Officer
PfM：Portfolio Manager　　　　　　　EPMO：Enterprise Project Management Office
PgM：Program Manager　　　　　　　PgMO：Program Management Office
PM：Project Manager　　　　　　　　PMO：Project Management Office

　ポートフォリオマネジメントをポートフォリオマネージャー（PfM）
がリードし、複数のプロジェクトを束ねてプログラムとして成果を創
出するプログラムマネジメントをプログラムマネージャー（PgM）が
リード、個々のプロジェクトはプロジェクトマネージャー（PM）がリ
ードするという組織形態になります。欧米ではこの三つのマネジメン
トを総称しPPPMと表現しています。それぞれのマネジメント層には
マネジメントオフィスがあり、ガバナンスやプロセスの確立、ツール
の標準化などの支援を実施します。PPPM全体をカバーするマネジメ
ントオフィス（EPMO）を一つ設ける場合や、それぞれの層に別々の
マネジメントオフィス（PgMO、PMO）を設ける場合などがあり、プ
ロジェクト型組織の規模などによって変わってきます。

▌▌▌（2）プロジェクト型組織における役割

　プロジェクト型組織におけるポジション・役割においては、経営戦
略・経営計画との整合を一貫して保ち、それぞれの役割における裁量
を持って意思決定をし、それぞれの成果・価値の創出を実施していく
ことが求められます。プロジェクト型組織における主な役割は以下の

とおりです。

①ポートフォリオマネージャー（PfM：Portfolio Manager）

　経営戦略・経営計画の目標を達成するためにポートフォリオマネジメントの確立と実行に責任を持ち、ポートフォリオの価値創出をリードする役割になります。また、ポートフォリオコンポーネント（プロジェクト、プログラム等）の成果創出のための支援、資源等のバランス調整などを実施します。

②プログラムマネージャー（PgM：Program Manager）

　純粋な日本企業においては、プログラムマネージャーという言葉は聞き慣れないと思いますが、欧米の企業や日本における外資系企業では、プログラムマネジャーという役割は一般的になっています。プロジェクト単体では経営戦略と整合した成果を出すことが比較的難しい場合に、複数のプロジェクトを束ねて成果を創出するプログラムマネジメントの確立と実行に責任を持つ役割になります。また、プログラムのコンポーネントであるプロジェクトの成果の進捗を監視し、必要に応じてプロジェクトの支援を実施します。

③プロジェクトマネージャー（PM：Project Manager）

　プロジェクトマネジメントの確立と実行に責任を持ち、経営戦略と整合したプロジェクトの目標達成、成果創出をリードします。ポートフォリオおよびプログラムを構成するコンポーネントとして戦略との整合を確実にする責任を持つことにより、近年は戦略的PM（Strategic Project Manager）と呼ばれることが多くなってきております。

　従来のプロジェクトマネージャーは、プロジェクトの目的、目標（QCDといわれる品質、コスト、納期）を達成するためにプロジェクトマネジメントを実行してきましたが、今後はより経営戦略にフォーカスし、理解したうえでプロジェクトの目的や位置づけを明確にし、

経営戦略に整合したプロジェクトの成果を創出していく役割が求められます。既に欧米企業では戦略的PMという名称が浸透しており、比較的シニアな（経験豊富な）プロジェクトマネージャーとして位置付けられています。

④エンタープライズPMO（EPMO：Enterprise Project Management Office）

　プロジェクトポートフォリオ活動全般のガバナンスを確立し、ポートフォリオ、プログラム、プロジェクトの方法論（変化に迅速に対応するための意思決定プロセスを含む）を決め維持する役割を持ちます。経営戦略とポートフォリオコンポーネント成果との整合をとり、ポートフォリオコンポーネントの特定、監視、コントロールを実施し、価値創出を支援します。この後、EPMOの組織化について解説します。

⑤プログラムマネジメントオフィス（PgMO：Program Management Office）

　プログラムマネジメントにおけるガバナンスを確立し、プロセスの標準化、ツールなどを提供しプログラムの成果創出を支援します。

⑥プロジェクトマネジメントオフィス（PMO：Project Management Office）

　プロジェクトマネジメントにおけるガバナンスを確立し、プロセスの標準化、ツールなどを提供しプロジェクトの成果創出を支援します。

▏▎▍（3）役員が戦略の策定だけではなく実践に関与する

　プロジェクト型組織においては、プロジェクト担当役員（CPO：Chief Project Officer）を設けることが有用です。日本においてはこのCPOという名称はあまり見かけませんが、欧米ではプロジェクト担当の役員

としてCPOの役割を設ける企業が増えつつあります。主な役割として
は、プロジェクト活動（プログラムを含む）から創出される成果、ポ
ートフォリオの価値創出に責任を持ち、経営計画の達成をコミットす
る立場になります。ポートフォリオのスポンサーとしての役割も担い
ます。

　このCPOを設けることの背景ですが、企業・組織におけるプロジェ
クト活動の割合が増えている状況においては、役員が戦略の策定だけ
ではなく戦略の実践に関与、つまりPPPMの活動に関与していくこと
が求められます。CPOは経営戦略の実践において重要な役割を担い、
次のようなことを主に意識し行動することが求められます。

＜役員CPOに求められる意識・行動＞
- 戦略的な思考を持つ
- ビジネス全体を俯瞰する全体最適思考を持つ
- 経営戦略と価値創造を重視するマインドを持つ
- 不確実性に挑戦するマインドを持つ
- 変化を受け入れポジティブな行動を促す
- 既存組織の障壁を乗り越える戦略的なイニシアティブの実行を推進
  する
- ポートフォリオ、プログラム、プロジェクトマネジメントを把握し
  推進する

　これらは、ざっとみて経営を司っている役員であれば目新しいこと
ではありません。唯一異なることがあるとすれば、最後の項目にな
ります。組織のオペレーションに責任を持つCOO（Chief Operation
Officer）が最後の項目を含め、これらの求められることをクリアして
いれば、COOがプロジェクト活動にも関与し経営戦略の実践をリード
していくことが出来ますので、新たにCPOの役割を設けることは必要
ありません。組織の規模が比較的大きくはない中小企業であれば、COO

兼CPOが現実的かもしれません。

（4）EPMOを組織化する

　プロジェクトマネジメントオフィス（PMO）という言葉は日本でも
かなり浸透し、実際に企業・組織の中でプロジェクトマネジメントの
プロセスやツールを確立しプロジェクトの支援等をPMOが実行してい
くケースが増えている状況です。またPMOを主に実施しているコンサ
ルタントベンダーもあり、コンサルタントだけでなく顧客企業に入っ
てPMO業務を実施しているケースもあります。

　EPMO（Enterprise Project Management Office）については、日本企
業においては未だあまり浸透していないと認識していますが、経営戦
略に整合したプロジェクトを選定することなど、ポートフォリオマネ
ジメントの実行にあたっては必須の役割になります。このEPMOは経
営に近い位置で常にプロジェクト活動を監視（経営戦略との整合をチ
ェック）していきますので、日本企業の従来型の組織における経営企
画や経営管理部署に近い位置付けだと思っていただければ分かりやす
いかもしれません。EPMOの主な役割は次のとおりです。

①プロジェクトやプログラムの活動を経営戦略と整合させる
　戦略整合のチェックなど定期的なレビューを実施し、成果の進捗を
確認します。
　またプロジェクトやプログラム等の優先順位の見直しを実施します。
　優先順位の見直しの検討にあたっては、第4章で解説した手法であ
る、中期経営計画との整合や中期経営計画におけるプロジェクトの優
先順位付け、投資回収の観点からの優先順位付けなどの手法を用いて、
都度検討を実施していきます。

② プロジェクト型組織におけるガバナンスを確立する

　ポートフォリオ、プログラム、プロジェクトを通して一貫したガバナンスプロセスを確立します。第2章のガバナンスで解説していますが、ポートフォリオのガバナンス機関やポートフォリオ監査組織を決め、経営戦略との整合や必要な意思決定を確実に実施できるように支援していきます。

③ ポートフォリオの価値創出を支援する

　ポートフォリオマネジメントの実行を支援し、経営戦略に整合したポートフォリオの価値創出を支援していきます。

(5) 変化への機敏な対応（アジリティ）

　従来の組織でありがちな、当初決めた（承認された）計画の通りに最後まで実行するという考えは、近年の変化が継続的に発生する状況においては、適切ではなくなってきております。変化に機敏に対応するために、組織のアジリティ（機敏性）を高める必要があります。

　プロジェクト型組織においては、ポートフォリオコンポーネント（プロジェクト、プログラム）の見直し（もしくは中止）を迅速に判断し実施していくことや、ポートフォリオコンポーネントへの資源配分を状況変化に応じて変更していきます。

① ポートフォリオコンポーネントの見直し

　ポートフォリオを計画する段階で、ポートフォリオコンポーネントであるプロジェクトの優先順位付けをし、どのプロジェクトを選択するかを決めスタートさせます。ただし、実際にプロジェクトを実行して成果が当初の計画通り得られないことが途中で判明した場合、そのまま実行し続けることは時間と資源の無駄になることは否めません。近年の変化が激しい状況では当初の前提条件や想定した見込みが刻々

と変わることも良くあります。また第4章で述べましたが、大半の企業では中期経営計画の変更を計画の途中で実施しており、その変更に対して経営計画との整合の観点でプロジェクトを見直す必要も出てきます。変化にどれだけ迅速に対応できるかが、時間や資源を無駄にしないことはもとより企業の競争力向上につながります。

　プロジェクト型組織においては、状況を把握したうえで迅速な判断を実施していきます。

　図表5-7にポートフォリオコンポーネントの見直しに関するフローの例を示します。

■ 図表5-7　ポートフォリオコンポーネントの見直しフロー（例）

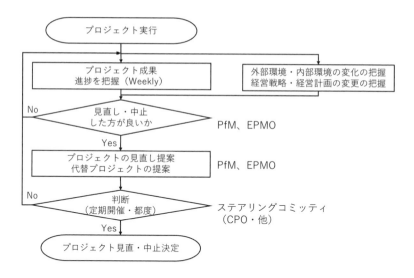

　ポートフォリオマネージャー（PfM）とEPMOは、プロジェクトマネージャーからの成果報告を定期的に受けその内容を把握（戦略との整合、進捗状況など）します。

　また、外部・内部環境の変化や経営戦略・経営計画の変更の有無を確認し、プロジェクトを見直した方が良いかについて検討します。

　EPMOがあらかじめ設定している基準（成果達成の下限・限界値等）

に基づきチェックし、見直しが必要な場合はプロジェクトの見直し内容を、プロジェクトを中止する場合は代替プロジェクトの選定を含めて、最終の意思決定を行うステアリングコミッティに上申し判断します。

　この例のようなフローを迅速にまわして判断するプロセスを確立しておくことが肝要です。

②ダイナミックな資源（予算）配分

　プロジェクトの優先順位付けや選定を実施し、予算計画を立ててプロジェクトの予算を配分していきます。ただ、市場変動、規制変更などの外部環境の変化、事業の状況が変わるなどの内部環境の変化に伴い、プロジェクトへ投資できる予算が途中で変動することやプロジェクト自体が中止になることも現実には起こり得ます。このような変化に迅速に対応していくためには、状況変化に応じたダイナミックな資源（予算）の組み替えや配分が必要となります。

　企業・組織における予算の立て方などによりますが、四半期単位で予算の配分等を実施する一つの例として紹介します。図表5-8を参照ください。

■ 図表5-8　ダイナミックなプロジェクトへの予算配分イメージ

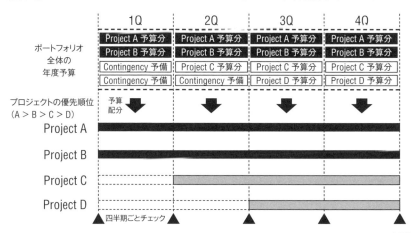

この例では、年度のポートフォリオ全体の予算を獲得し、プロジェクトの優先順位付けをもとに、まず第一四半期（１Q）は優先順位の高いプロジェクトＡとＢに予算配分しスタートさせます。その後、第二四半期（２Q）からはプロジェクトＣを、第三四半期からはプロジェクトＤを順にスタートさせる計画となっています。ただ２Q以降の予算配分は確定とせず、１Qの状況をチェックしたうえでプロジェクトＣの予算配分を確定し、同様に２Qまでの状況によりプロジェクトＤの予算配分を確定するといった内容です。状況の変化がなく当初の計画どおりであれば予定通りすすめますが、外部環境や内部環境により大きな変化が発生すれば、プロジェクトの優先順位の見直しや中止、他の代替プロジェクトの実行なども起こり得ることになりますので、四半期ごとに判断しダイナミックに予算配分を変更することを前提としたプロセスになります。

　また、緊急時等（例えば規制対応のためのプロジェクト実行のリスクなど）に備えて予備費を持っておくことも考慮します。予備費は、リスクが顕在するなどの有事以外は使わないことが前提です。また予算配分の組み替えなどで当初獲得した年度予算が余ることもあるかもしれませんが、それらの予算は他の経営戦略に整合したプロジェクトへ転用することを検討することになります。

　これまでは、年度で獲得した予算は（年度末に予算が余ったとしても）必ずその年度で使い切らないと翌年度の予算獲得に影響するといった部分最適の発想がよくあったと思います。しかし、近年の変化が激しい時代においては、如何に変化に対応して限られた予算を効率良く使うかの追求が組織形態に関わらず求められます。

SECTION 05 オペレーション型組織と プロジェクト型組織の両立・連携

オペレーション（定常業務）が中心で、それに加え一時的なプロジェクトをそれほど多くはなく実施していたこれまでの時代では、階層型組織形態で十分機能していたと思います。しかし、プロジェクトエコノミーの到来といわれ、企業・組織の経営に多くのプロジェクトが欠かせない時代に突入した状況では、やはり組織の形態も状況に合わせて変えていく必要があり、プロジェクト型組織への変革が必要となります。

ただ、一足飛びに階層型組織からプロジェクト型組織に変えていくことはまったくもって現実的ではありません。スタートアップ企業や、既存事業とは完全に独立した新規事業の立ち上げなどにおいては、どちらかというとフラット型組織やプロジェクト型組織の形態ですすめることが多いと思います。

既存事業の維持・成長に取り組みながら、新規事業等の新たな成長分野への取り組みを実施している企業では、既存の階層型組織とプロジェクト型組織の両立・連携を実施することが現実的といえます。

では、どのように両立・連携していくかについて解説します。

(1) オペレーション型組織に加えプロジェクト型組織を取り入れる

従来のオペレーション型組織にプロジェクト型組織を取り入れ、二つを両立させ、互いに連携していく組織形態を紹介します。企業・組織における状況に応じて異なりますが、一つの例としてP.156 図表5-9 のような組織形態をとります。プロジェクトの増加に伴いポートフォリオマネジメントを取り入れて実行していく場合の参考にしていただ

ければと思います。

■ 図表5-9　オペレーション型とプロジェクト型組織の両立・連携（例）

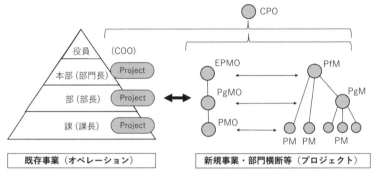

COO　：Chief Operation Officer,
EPMO：Enterprise Project Management Office,
PgMO：Program Management Office,
PMO　：Project Management Office,

CPO：Chief Project Officer,
PfM：Portfolio Manager,
PgM：Program Manager,
PM　：Project Manager

　この組織形態におけるプロジェクトの実行については、次のポイントを考慮します。

①既存事業に関するプロジェクトについて
　従来の階層構造型の組織形態では、既存事業の部門オペレーションを中心に実行していきますが、その過程で既存業務の生産性や効率化向上、業務改善など、オペレーションの延長線上で実施するプロジェクトがあります。これらのプロジェクトの目標は既存事業の改善であり、プロジェクトの成果は既存事業に直結した売上や利益の向上に貢献することになります。よって、既存事業の体制下でプロジェクトを発足し既存事業からリソースを提供して実施していきます。
　これまでもこのような形で実施してきたと思いますが、プロジェクトを実行する際の目標設定、マネジメント手法、ツール、プロセスなどは、全社共通のEPMO、PgMO、PMOの支援を受けて実施します。特に、経営戦略・経営計画とプロジェクトの成果との整合については、

既存事業におけるプロジェクトでも明確にした上で、優先順付けをし、正しいプロジェクトを選定して実行していきます。

②新規事業や事業部・部門横断型のプロジェクトについて

　既存事業のオペレーション（定常業務）を実施する階層型組織に加えて、プロジェクト型組織を設けます。プロジェクト型組織はプロジェクトに特化した組織でフラットな形態をとり、ポートフォリオ、ポートフォリオコンポーネントであるプロジェクト（プログラム）のマネジメントを実行し、新規事業への取り組みや、事業部間や部門横断型のプロジェクト（プログラム）を中心に実行していきます。この組織形態は、既存事業のオペレーションで継続的に一定の収益を獲得し、その資源を新規事業や抜本的な（効果のある）事業部間や部門横断型のプロジェクトに投資していくという考え方に基づくもので、オペレーション型とプロジェクト型の両立が前提となります。

▌▌▌(2) オペレーション型組織とプロジェクト型組織の両立・連携

　組織変革をすすめる場合に、必ず障壁となるのが、既存事業側の抵抗です。プロジェクト型組織を継続的に運営していく場合に、資源（人、予算）を既存事業で得た利益から供出していきますので、既存事業側が抵抗するのも当たり前かもしれません。企業・組織が置かれている状況や運営によって一概にはいえませんが、次のポイントを考慮して両立・連携していくことが必要です。

①全社の経営戦略・経営計画の徹底と浸透

　これは大前提になります。プロジェクト型組織を取り入れて既存のオペレーション組織と両立させることは、経営戦略に基づくものであることを徹底、浸透させることが第一です。

　既存事業だけを考える部分最適ではなく、全社のビジネス成長を考

慮した全体最適視点での取り組みであることを徹底し理解を得ます。また、既存の階層型組織のラインを担当している本部長はもとより、部長や課長といったキーとなる人材は、中長期的にビジネスを見据えて、変化に対応していかねばならないことを認識する（危機意識を持つ）ことを徹底します。

②役員はオペレーションとプロジェクトの両方をリードする

プロジェクト比率がますます高まり、プロジェクトから得る売上や利益が高まり、かつ変化に機敏に対応していく必要があるので、従来のオペレーションの範囲だけを担当する役員から、オペレーション型組織とプロジェクト型組織の両方を担当する役員が必要になってきます。この役員が両方のバランスを調整しリードしていく役割を担うことにより両立を促進します。

③両立で得られる既存事業側のメリットを明確にする

プロジェクト型組織で実行するプロジェクトの成果が、どう既存事業側に寄与するかを明確にします。例えば、部門横断型のプロジェクトを実行することにより得られる成果を、特に既存事業の部門側が得る具体的なメリットを明確にします。またプロジェクト型組織ですすめる新規事業プロジェクト等においては、そのプロジェクトから得た成果（売上や利益）を、新規事業が立ち上がり独立できるまでの間は、既存事業の数字にカウントすることなどもあります。これは少し小手先かもしれませんが、既存事業の数字が上がることにより、既存事業側からのプロジェクトへの協力を推し進めるには有効な手立てといえます。

④プロジェクト型組織のプロジェクト成果をオペレーションに落とし込む

プロジェクト型組織で実施する部門横断型のプロジェクト等においては、プロジェクトを完了し成果を獲得出来た後、その成果を継続的

に得るために各部門のオペレーションに落とし込むことが必要になります。そのため、プロジェクト途中から完了させるまでの間、および終了後も、プロジェクト関係者とオペレーション関係者との間で連携して取り組みます。

▌▌▌（3）中小規模企業におけるプロジェクト型組織

　既存のオペレーション型組織にプロジェクト型組織を加えて両立・連携させることを説明しましたが、比較的大企業であれば、このような二つの組織を両立・連携させる形態が有効といえます。

　では、中小規模の企業においてはどうでしょうか。事業も複数ではなく、一つの事業にフォーカスして運営している企業が多いかもしれません。またプロジェクトの数も大企業に比べると多くはない状況かもしれません。

　ただ、事業の数、プロジェクトの数は異なるかもしれませんが、オペレーションとプロジェクトを同時に取り組んでいくことに変わりはありません。よって規模的に組織を別にするか否かは別としても、これまで解説しました、ポートフォリオマネジメントを実行していくうえでの役割や、役員の役割を考慮したうえで、組織を決めていくことが必要になります。組織の状況によって異なりますが、P.160 図表5-10 に中小規模の場合の組織形態の例を参考までに示します。

■ 図表5-10　中小規模の場合の組織形態（例）

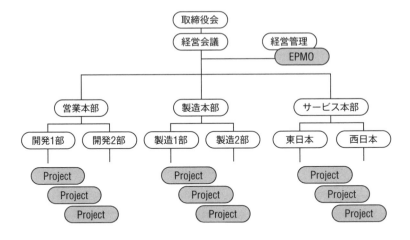

　この例では、一つの事業において三つの部門があり、各部門でプロジェクトを立ち上げて実行しています。経営戦略・経営計画と整合したプロジェクトを選定して実行し、プロジェクトの成果が経営指標へ貢献することを確実にするために、EPMOを経営の直下に設置しています。プロジェクトの規模（部門間横断など）や数がどのくらいあるかにもよりますが、EPMOを独立して設けるか、既存の経営企画や経営管理組織がEPMOの役割を担うかを検討することも必要でしょうか。

　また、ポートフォリオマネージャー（PfM）は経営管理部署に所属して選任（または兼任）でポートフォリオマネジメントを、プロジェクトマネージャーは各部門から選出して選任（または兼任）でプロジェクトマネジメントを実施していくなど検討します。

　いずれにせよ、小規模になればなるほど一人の人間がこれまでのオペレーションとプロジェクトの両方の役割を担うことも出てくるかと思います。今後ますますプロジェクトが増える状況を考えると人材育成がより重要になってきます。人材育成については第6章で解説します。

SECTION

06 プロジェクト型組織の 維持・発展

　ポートフォリオマネジメントを実行するうえで、既存のオペレーション中心の組織と両立することを含めて、プロジェクト型組織の形態を取り入れていくことを説明しました。様々な変化が当たり前の時代になり、プロジェクト活動が増加の一途をたどり、プロジェクトエコノミーの到来という状況下では、プロジェクト型組織の維持と更なる発展が必要になります。

　そのためには、日本企業における従来のオペレーション中心の組織文化に加え、これまでに無かったプロジェクト文化を醸成し浸透させていくことに取り組み、プロジェクト型組織を維持しさらに良いものへと発展させていく必要があります。

▌▌▌（1）プロジェクト文化の醸成

　オペレーション中心組織の文化およびプロジェクト型組織の文化は、様々な点で異なります。

　P.162 図表5-11に主に組織メンバーの意識や行動の観点における比較を示します。

■ 図表5-11　オペレーション中心の文化とプロジェクト文化

	オペレーション中心の文化	プロジェクト文化
共通の目的・目標	経営戦略・経営計画に基づき目標が設定され、それに対してオペレーションを遂行する	経営戦略・経営計画とプロジェクトの成果との整合を明確にし、プロジェクトを遂行する
行動意識	階層型組織の上意下達の形態において、決められ定常業務の範囲内で行動し、判断が必要となった場合は上司からの指示に従い行動する	与えられた役割の中で、自立して意思決定し行動する
価値観	組織に貢献し、組織の一員としての役割をまっとうし自らの価値を高める	自らのスキルや専門領域を向上し、プロジェクトの成果を創出することで自らの価値を高める
イノベーション変化への対応	連続した安定を重視する。新たなことへのチャレンジには慎重になりがちで、どちらかというと保守的	新たなことに積極的にチャレンジする。変化を機会と捉えて迅速に対応する
評価	組織全体の評価に依存する傾向（個人の評価が占める割合が比較的低い）	経営戦略と整合が取れたプロジェクトの成果創出の結果に依存する（プロジェクトチームや個人の評価の占める割合が比較的高い）

　オペレーション中心の文化では、経営計画の目標（売上や利益など）にそった部門の目標が設定され、その目標を達成するための意識や行動が根付いていますが、プロジェクト文化においては、ポートフォリオマネジメントによりプロジェクトの成果が経営指標に整合し、その進捗や結果が可視化されていることが当たり前であると皆が自然に意識し、プロジェクトの成果達成へ向けた行動が根付いていることが理想です。また変化を新たな機会と捉えて迅速に対応していくことや、イノベーションを創出することに常にポジティブに向き合うことがプロジェクト文化の特徴といえます。このようなプロジェクト文化を醸成し、従来のオペレーション中心の文化に加えて両者が融合していくように努めます。また、プロジェクト文化をより推進していくためには、皆が次のようなことを日々心掛けていきます。

①外部志向の意識を常に持つ

　外部といっても様々ですが、例えば、顧客、市場や業界、競合他社、最新技術、規制動向、グローバルスタンダードなどを総称して外部と

いっていますが、これらの外部のことを理解したうえで、日々の業務における判断につなげていきます。

②全体最適の視点を持つ

特に企業・組織においては事業部や部門のことを優先しがちですが、当然それぞれの役割をこなしたうえで、その範囲にとどまらず企業全体の視点で物事を考えるように努めます。

③次につながる行動を意識する

何か問題が発生した場合でも、改善できる余地・機会があると考えます。

また、過去の知識や成功体験は非常に貴重ですが、それに捉われずに新たな経験を積み学ぶことに注力します。

④変化に機敏に対応する

当初立てた計画どおり進捗しない場合は計画に捉われずに、状況・事実を把握してピボット（方向転換）することを検討します。また、変化の激しい状況にも関わらず、自らのコンフォートゾーン（居心地の良い場所）にとどまると確実に退化していきます。変化に追従し、更に一段階高い居心地の良い場所を目指します。

以上に加えて、プロジェクト文化を組織に浸透させていくには、チャレンジした過程や結果を重視し、それらをメンバーの評価につなげていくことも重要になります。評価における基準などについては第6章の人材育成で解説します。

▊▊▊ （2）組織の成熟度レベル評価

プロジェクト型組織の維持・発展においては、どの程度プロジェク

ト型組織が浸透して機能しているかの把握や、更により良い組織にするために、定期的に組織能力の成熟度を評価していくことをおすすめします。

　組織におけるプロセスの能力等に関する評価については、CMMI（Capability Maturity Model Integration）モデルが有名です。CMMIは2001年に米国カーネギーメロン大学ソフトウエア工学研究所によりリリースされ、組織におけるプロセス能力の成熟度を五段階で評価するもので、ソフトウエア開発プロセスやプロジェクトマネジメントのプロセスの評価に用いられています。またプロジェクトマネジメント協会（PMI：Project Management Institute）は、組織のプロジェクトマネジメントOPM標準（The Standard For Organizational Project Management）の中で組織の成熟度を定義しています。このように世界で用いられている組織プロセスの成熟度評価モデルがありますので、プロジェクト型組織を取り入れ、維持・運営し、更により良いものに発展させるにあたっては、これらの評価モデルを参考にしていただければと思います。

　本書で解説しました、ポートフォリオマネジメントを実行するプロジェクト型組織の成熟度評価を実施するとすれば、P.165 図表5-12のような五段階の評価になるでしょうか。

■ 図表5-12　ポートフォリオマネジメントの組織成熟度評価（参考）

レベル1	レベル2	レベル3	レベル4	レベル5
事象発生の都度対応している	プロセスを定義し利用している	プロセスを標準化、複雑さに対処	定量的データに基づき管理、判断している	最適化を常に追求している
● 必要に応じ、特定プロジェクトを立上げ実行 ● プロジェクト実行体制を都度構築（組織化されていない） ● プロジェクトを外部委託（丸投げ）	● プロジェクトの必要性を認識し組織化 ● プロジェクトのプロセス、手順を定義 ● プロジェクト品質の安定を追求	● プロジェクト型組織を確立 ● プロセスの標準化とガバナンス（PMO, PgMO） ● 複雑・不確実性に対処 ● 部門横断型プロジェクト等を実行	● 経営戦略との整合を確実にし、価値創出を実現 ● プロジェクトの優先順位付け、見直し、中止を実行 ● 役員の関与、全社レベルのガバナンス（EPMO）	● 変化が常に発生する中で、現状のプロセスを更に改善することを常に追求 ● イノベーションの追求

```
                                          Portfolio Management
                              Program Management
                  Project  Management
```

　ポートフォリオマネジメントを組織において実践するには、まずポートフォリオコンポーネントであるプロジェクトを実行し確実に成果を出せるようにしていかねばなりません（レベル2の段階）。次に複雑さや不確実性が高い状況においても成果を創出できるように単体のプロジェクトだけではなく複数のプロジェクトを束ねたプログラムマネジメントを実行可能な組織としていきます（レベル3の段階）。次に経営戦略・経営計画と整合したプロジェクトの成果を創出しポートフォリオとして管理し経営計画・指標の達成を実施していきます。そのためには常にプロジェクトの優先順位付けや見直しを含め決められた基準をもとに実施していきます（レベル4の段階）。レベル4の段階までいくと、組織・プロセスを更に最適化していくことを常に模索し追求することになります（レベル5の段階）。どの段階も容易に到達することは難しいと思いますが、このような評価を参考にしていただき、企業・組織の発展に役立てていただければ幸いです。

ポートフォリオ
マネジメントに
必要となる人材育成

ポートフォリオマネジメントに必要となるスキル

　本章では、ポートフォリオマネジメントを実行するにあたって必要となる人材のスキルやその育成について解説します。第5章で、ポートフォリオマネジメントを実行するプロジェクト型組織における役割を説明しました。ポートフォリオマネージャー（PfM）、プログラムマネージャー（PgM）、プロジェクトマネージャー（PM）などですが、これらの役割にはどのようなスキルが必要になるのかをみていきましょう。図表6-1にポートフォリオマネジメントを実行する人材のスキルセットを記載しています。皆が持っておくべき共通のコアとなるスキルセット（ソフトスキルとハードスキル）と、それに加えてそれぞれの役割ごとに兼ね備えておくべき専門的なスキル（ハードスキル）があります。

■ 図表6-1　ポートフォリオマネジメント人材のスキルセット

PfM, EPMO（ハードスキル） • ポートフォリオマネジメントの知識と実践 • その他	PgM, PgMO（ハードスキル） • プログラムマネジメントの知識と実践 • その他	PM, PMO（ハードスキル） • プロジェクトマネジメントの実践 • その他	専門スキル

スキルセット（コア）

ソフトスキル • コミュニケーション • リーダーシップ • ネゴシエーション • その他	ハードスキル • プロジェクトマネジメント知識 • ファイナンスの基礎知識 • ビジネス感覚・経営戦略の理解 • その他	共通のコアとなるスキルセット

（1）共通のコアとなるスキルセット

　ポートフォリオマネジメントの実行、ポートフォリオコンポーネント（プログラム、プロジェクト）の実行、またそれらの支援など、どの役割であっても各役割を担う人材が共通して兼ね備えておくべきコアとなるスキルセット（ソフトスキルとハードスキル）があります。

①ソフトスキル

　ソフトスキルとは、主に人間関係におけるスキルで、インターパーソナルスキルといわれるものです。一般的に、組織におけるリーダーやマネージャーをはじめ幅広い層に求められるものですが、プロジェクト型組織においても同様です。主なものは以下のとおりです。

●コミュニケーション能力

　ステークホルダーとの間のコミュニケーションは非常に重要で、ステークホルダーに積極的に関与してもらい支援を引き出すためにも、各役割のコミュニケーション能力は必須となります。また、企業・組織によりますが、プロジェクトやプログラムはグローバルレベルで実施することが多くなっている状況かと思います。共通言語としての英語でのコミュニケーション力も必要となります。

●リーダーシップ

　複雑さや不確実性のある状況において、プロジェクト、プログラム、ポートフォリオなど、それぞれのチームをリードし、確実に成果や価値を創出していかねばなりません。

　戦略や目的を浸透させメンバーへの動機づけなど、リーダーシップを発揮していくことが求められます。

●ネゴシエーション能力

立場、役割、責任などが異なる外部や内部の多くのステークホルダーが関与することになりますので、ステークホルダーとの間に大小様々な意見の食い違いや対立が発生するのはごく自然です。ポートフォリオコンポーネント（プロジェクト、プログラム）の成果やポートフォリオの価値を創出することへの理解と協力を得て、互いにWin-Winとなるようなポイントを探るなど、ネゴシエーション力を発揮していかねばなりません。

●適応力

複雑さや不確実性の高いことに常に向き合っていきますので、ポートフォリオおよびそのコンポーネント（プロジェクト、プログラム）において変化を確実に捉えて、必要に応じてピボット（方向転換など）するなど、成果や価値につなげていく意識と行動が必要です。

●クリティカル思考

物事に対し「本当にこれで正しいのか」を常に意識し、より正しい論理を見出していく思考が求められます。変化が激しい時代に、変化に迅速に対応していくために様々なアクションを検討し実行していきますが、その際に「このアクションで正しいか」などを論理的に事実やデータをもとに思考し検証することが必要になります。

②ハードスキル

ハードスキルとは、学んで習得出来るもので、形式化された知識やそれを使いこなすスキルになります。皆が共通で持っておくべきハードスキルの主なものは以下のとおりです。

●プロジェクトマネジメント知識

ポートフォリオとそのコンポーネント（プロジェクト、プログラム）

に関わるすべての人は、プロジェクトマネジメントの知識を有することが求められます。世界だけでなく日本でも広く普及しているプロジェクトマネジメントの知識体系であるPMBOK®（Project Management Body Of Knowledge）の基礎知識は必要です。

●ビジネス感覚と経営戦略の理解

いろいろな局面で、それぞれの役割で様々な判断を実施していきますが、その際に持っておくべきビジネス感覚が必要となります。市場の状況、内部の状況（自社の市場競争力、製品やソリューションの実力等）、プロジェクトやプログラムによって何がどの程度向上するかなどのビジネスケースの把握や、経営戦略や経営計画を理解したうえで、正しい方向で判断できる感覚や力を持ち合わせることが必要です。

●ファイナンスの基礎

ビジネス感覚を持っておくためには、ファイナンスの基礎知識が必要です。プロジェクトの成果やポートフォリオの価値を創出し、経営指標に貢献することを常に意識していく必要がありますので、経営指標の意味、損益計算、バランスシートなど、ファイナンスの基礎知識は必要です。

●ITリテラシー

今やITリテラシーは誰もが兼ね備えておくべきスキルであることはいうまでもありません。簡潔にいうとIT（情報技術）関連のことを理解し適切に活用できるスキルになりますが、デジタルトランスフォーメーション（DX）など近年多くのIT関連の取り組みを実施している状況下で、ITリテラシーは必須です。

▌▌▌（2）役割ごとに求められる経験とスキル

　次に、コアとなる共通のスキルセットに加え、それぞれの役割ごとに持っておくべき専門的なスキルや経験についてみていきましょう。ポートフォリオ、EPMOをリードする役割と、ポートフォリオコンポーネント（プロジェクト、プログラム）、PgMO・PMOをリードする役割とでは範囲や専門性が異なりますので求められるスキルも異なります。

①ポートフォリオマネージャー（PfM）、EPMOリーダー

　ポートフォリオはポートフォリオコンポーネント（プロジェクト、プログラム）によって構成され、場合によってはオペレーション（定常業務）も構成要素となることもありますので、それらをカバーする範囲の知識が必要となります。また企業・組織において比較的経営に近い役割を担うことになりますので、経営面でのスキルも必要になってきます。

＜PfM, EPMOリーダーの専門スキル＞

- ポートフォリオマネジメントの知識と実践（経験）
- プログラムマネジメントの知識
- 経営（マネジメント）知識、ファイナンス知識
- ビジネス経験
- その他

　ポートフォリオマネジメント経験やビジネスの経験における経験年数については一概にはいえませんが、参考までにポートフォリオマネジメントの専門職資格（国際資格）であるPMIが認定するPfMP®（Portfolio Management Professional）の受験資格では、八年間のビジネス経験に加え、四年間のポートフォリオマネジメント経験が必要（い

ずれも大学卒業の場合）となっています。

②**プログラムマネージャー（PgM）、PgMOリーダー**

　複数のプロジェクトを束ねてプログラムとして成果を創出するプログラムマネジメントを実践していきますので、それに関する専門知識や経験が必要です。

　プログラムマネジメントオフィス（PgMO）はプログラムの支援を実施しますが、そのリーダーは、プログラムマネージャー（PgM）と同様に、プロジェクトマネジメントの実践経験はもとよりプログラムマネジメントの実践経験があることが望ましいです。プログラムマネジメントは複雑さや不確実性に対処していくことが多く、成果を創出する難易度が高く、PgMやPgMOのリーダーは大規模で複雑な（部門横断型やグローバルを含む）プロジェクトやプログラムの経験者が多いでしょうか。

＜PgM, PgMOリーダーの専門スキル＞
- プログラムマネジメント知識と実践（経験）
- プロジェクトマネジメントの実践（経験）
- その他

　これらの経験年数は一概にはいえませんが、参考までにプログラムマネジメントの専門職資格（国際資格）であるPMIが認定するPgMP®（Program Management Professional）の受験資格では、四年間のプロジェクトマネジメント経験に加え、四年間のプログラムマネジメント経験が必要（いずれも大学卒業の場合）となっています。

③**プロジェクトマネージャー（PM）、PMOリーダー**

　共通のコアとなるスキルセットに加え、プロジェクトマネジメントの実践経験を持つことが望ましいです。

＜PM, PMOリーダーの専門スキル＞

- プロジェクトマネジメント実践（経験）
- アジャイル関連の知識（経験）
- その他

　経験年数ですが、こちらも一概にはいえませんが、参考までにPMIが認定するプロジェクトマネジメントの専門職資格であるPMP®（Project Management Professional）の受験資格ですと、三年間のプロジェクトをリードした経験（大学卒業の場合）が必要とされています。

　以上、ここまで、ポートフォリオマネジメントを実践するプロジェクト型組織における人材とそのスキルについての概要を説明しました。次に人材の育成について考えていきましょう。

人材の育成

　ポートフォリオマネジメントを実行するプロジェクト型組織における人材の育成について、キャリア形成（キャリアプラン）の例や、教育、人材の評価などについて順にみていきましょう。

▌▌▌（1）キャリア形成　

　従来のオペレーション中心の階層型組織形態においては、企業・組織において異なりますが、新卒入社後に数年経験を積んだ後、チームのリーダー、課長、部長、本部長、役員といった階段を順に登っていくイメージのキャリア形成が主であったと思います。近年ではこのような終身雇用が前提でキャリアを形成していくという考え方は少なくなってきています。課長や部長といったいわゆるラインマネージャーを担っていくこともあれば、専門職で力を発揮していくこと、転職して新たな機会にチャレンジすること、自分の得意分野で副業を実施することなど、様々ではないでしょうか。このように企業の人事制度や個人の考え方などに応じて様々なキャリア形成が出来るようになってきました。

　では、プロジェクト型組織においては、どのようなキャリアプランを描くことが出来るでしょうか。P.176 図表6-2のとおり、プロジェクト型組織においてはプロジェクトメンバーから役員までのプロジェクト人材の役割があり、スキルや経験に応じてキャリアアップしていく機会があります。

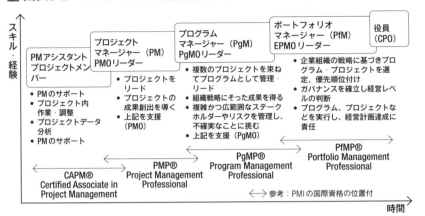

■ 図表6-2　プロジェクト型組織におけるキャリア形成（例）

引用：Te Wu「Supercharge Your Career in Project Management, from Entry Level to Chief Project Officer」セミナー内容をもとに筆者記載

　これは、同じ企業の中でキャリアを形成していくという狭い範囲ではなく、それぞれの役割を担えるスキルや経験を積んでいけば、転職などを含め様々な機会があり活躍の場を経てキャリアアップが可能であることを意味しています。海外ではジョブ型といわれる雇用形態を取り入れている企業が多く、日本においても徐々に増えてきました。ジョブ型の場合はそれぞれの役割やポジションの職務内容記述書（Job Description）があり、その内容に適した人材を雇用します。プロジェクト型組織のそれぞれの役割は、まさにジョブ型の雇用形態があてはまります。

　また、図表6-2の下段には、各役割にそったプロジェクトマネジメント協会（PMI）が認定する国際専門職資格を参考までに記載しています。これらの資格は、企業が人材を採用する際の資格要件として提示することもありますし、それぞれの役割にそったスキルと経験を裏付けるものとして履歴書などに記載してアピールすることも出来ます。

　今後ますますプロジェクトの数が増え、これらの役割を担うプロジェクト人材は企業にとって貴重であり確実に確保していく必要があります。また、個人にとってはプロジェクトの専門性を活かして成長し

ていくことが可能になります。従来のオペレーション中心の階層型組織形態では無かった、プロジェクト人材にとってのキャリアパスが明確になってきたといえます。

▍▍▍（2）教育

　企業は、プロジェクト型組織においてそれぞれの役割を担う人材を確保していかねばなりません。外部から採用することも実施していく必要がありますが、企業・組織においてプロジェクト人材を育成していくこと（内部成長）が必須です。人材育成のための教育は外部トレーニングや社内トレーニングなど各社様々な取り組みを実施していることと思いますが、プロジェクト型組織においてもプロジェクト人材の教育として、社内で実施するトレーニングや、外部の力を借りて専門的スキル向上のためのトレーニングなどを検討し実行します。

①社内トレーニング

　社内で実施可能なトレーニングは多々ありますが、プロジェクト人材の育成として、次の二つは欠かせないものです。

●経営戦略、経営計画の徹底・浸透とビジネス状況の徹底

　経営戦略・経営計画と、プロジェクト・プログラムの成果との整合など、ビジネスの状況を含めて社内で定期的に教育を実施します。

●実施結果の振り返り（教訓）

　ポートフォリオマネジメントや、プログラムおよびプロジェクトマネジメントを実際に自社に適用し、実施した結果を振り返ることは、座学だけでは得られない多くの教訓や改善の機会を得ることが出来ます。この振り返りを定期的に実施することはプロジェクト人材の経験とスキルを向上させることに直結します。

②専門スキル向上のためのトレーニング

専門スキルを向上させるためのトレーニングは社内でも実施しますが、プロジェクト関連のマネジメント手法、ツールや技法なども常に進化し続けており、OJTや社内講師だけでは限界がありますので、外部のプロジェクトマネジメント関連団体の活用をおすすめします。

図表6-3に日本における主な団体を示しています（会員数が法人及び個人会員含め1,000以上の主な団体）。

■ 図表6-3　日本におけるプロジェクトマネジメント関連の主な団体

団体名	概要	主なセミナー等
PMI日本支部 Project Management Institute Japan Chapter URL: https://www.pmi-japan.org	世界最大のプロジェクトマネジメント協会の日本支部。プロジェクトマネジメントを通じて、社会、組織、個人の価値を実現することに持続的に貢献することをミッションとした一般社団法人。	• PMI日本フォーラム • PMI標準セミナー • 地域セミナー • 月例セミナー • その他
日本プロジェクトマネジメント協会 (PMAJ) Project management Association of Japan URL: https://www.pmaj.or.jp/index.html	プロジェクトマネジメント（PM）の普及・向上を目標とし、資格の認定、PMに関する研究開発、普及・研修・セミナー事業などを行う特定非営利活動法人	• PMシンポジウム • 地域PMセミナー • P2M講習会 • 各種講座 • その他
プロジェクトマネジメント学会 (SPM) The Society of Project Management URL: https://spm.or.jp	プロジェクトマネジメントを学問・技術の体系として整備、確立、発展させ、国際社会に寄与することを目的とした一般社団法人	• 研究発表大会（春季、秋季） • PMセミナー • ワークショップ • 地域支部主催セミナー • その他

各団体ではトレーニングプログラムやセミナーなどを定期的に開催しています。また企業が法人メンバーになることにより様々な機会を得ることが出来ますので、参考にしていただき社内メンバーの教育に活用されると良いかと思います。

また、PMI（Project Management Institute）が認定した教育パートナー：ATP（Authorized Training Partner）が全世界にあり、日本でも多くの認定を受けたベンダーがあります。ATPでは常に最新の情報を取得しPMIの世界標準のトレーニングや資格取得のサポートを実施していますので、ATPにトレーニングを委託することも非常に有効です。

(3) プロジェクト人材の評価と給与レベル

プロジェクト型組織におけるプロジェクト人材をどのように評価していけば良いかや、その評価に値する給与水準など、明確な指標はありませんが、各役割における例として参考までに紹介します。

①評価項目

ポートフォリオマネージャー（PfM）、プログラムマネージャー（PgM）、プロジェクトマネージャー（PM）の評価を実施するにあたって、何をもとに評価するのかは企業・組織の考え方によって異なり一概にはいえません。例としては、コアとなるスキルセット等に基づく評価に加え、達成度合いのMBO（Management by Objectives）と呼ばれる評価方法があります。

図表6-4 MBOの評価項目の例を参照ください。

この例では、各役割とも価値・成果について、当初の見込みに対する結果（実績）の達成度合い（%）で評価するという考え方を基本としています。

図表6-4　プロジェクト人材の評価項目（MBO）の例

役割	評価項目（例）
ポートフォリオマネージャー（PfM）	• 経営指標（中期経営計画の各年度）への貢献度合い（売上、利益への貢献額） • ポートフォリオの価値創山（見込みに対する達成%） • 変化発生時のアクション（迅速さ、実行実績等）
プログラムマネージャー（PgM）	• 経営指標（中期経営計画の各年度）への貢献度合い（売上、利益への貢献額） • プログラムの成果創出（見込みに対する達成%） • 変化発生時のアクション（迅速さ、実行実績等）
プロジェクトマネージャー（PM）	• プロジェクトの成果創出（見込みに対する達成%） • プロジェクトのQCDの達成度合い 　- 品質（プロセス遵守、ユーザーからの評価：NPS） 　- コスト（プロジェクト原価の計画に対する実績%） 　- 工期（マイルストーン遵守：計画との差分）

ポートフォリオマネージャー（PfM）やプログラムマネージャー

CHAPTER

6

ポートフォリオマネジメントに必要となる人材育成

（PgM）については、経営計画の指標（売上や利益など）にどのくらい貢献したかの額を評価対象としています。また、定性的にはなりますが、これらの結果だけでなくその過程について、例えば変化が発生した際にどう機敏に対応したかのアクション実績も評価対象として追加しています。

　プロジェクトマネージャー（PM）についてはQCDの観点での評価項目があります。QCDの結果をどう定量的に表すかがありますが、品質では当初の計画通り遂行できたかのプロセス遵守率（標準化で定義したメソッド通りのプロセスを実施したかどうか等）やユーザーからのフィードバックであるNPS（Net Promote Score）など、コストに関しては当初の計画に対する使用実績％、スケジュールに関しては当初の計画どおり遂行できたかのマイルストーン遵守（計画との差分日数等）などを評価項目としています。

　以上は、私がこれまでのマネジメント経験の中で実行してきた事例等をもとに記載しています。参考にしていただければと思います。

②給与レベル

　次に、各役割の給与レベルについてみていきましょう。公表されているデータは限られていますが、求人サイト等の情報、経済産業省の調査（2021年）、厚生労働省が提供している情報（2022年）、PMIが実施したサーベイ結果（2021年）などが参考になります。これらのデータをもとに筆者が独自で算出した目安ですが、概ね次のとおりです。データ元の調査対象年度や母数、業種などがまちまちであり、為替レートでも変動するため、あくまでも概算の参考データとなります。皆さまの感覚と合っていますでしょうか。

＜各役割における年収の目安：参考＞
- 日本におけるプロジェクトマネージャーの年収：650万円～890万円（平均で約738万円）

- 米国におけるPMの年収（平均）：上記の日本のPM平均額に対し約1.5倍
- 米国におけるPgMの年収（平均）：上記の日本のPM平均額に対し約1.7倍
- 米国におけるPfMの年収（平均）：上記の日本のPM平均額に対し約1.9倍
  （米国の各年収はPMI調査時の為替レートで概算）

　これは日本の評価制度に比べ、米国はジョブ型雇用が浸透しており、MBOの評価に基づく報酬の割合が高いことによるものだと想定しています。日本におけるプロジェクト人材の評価も米国並みに上がっていくことが必要ではと感じています。

SECTION 03 外部の力を借りる

　ここまで企業・組織におけるプロジェクト人材の育成について述べましたが、人材の育成は短期間でその成果が出ることは少なく、教育等の中長期的な計画を立てて継続して取り組んでいくもので時間もかかります。よって組織内に必要となる人材が不足している状況においては、外部の力を借りることも必要となります。具体的には、外部のプロジェクト人材を活用することや一部の機能を外部へ委託することなどの検討が必要となります。

▐▐▐ （1）外部人材を活用する

　プロジェクト人材を外部から調達することを検討します。具体的には派遣契約などで雇用する形態になりますが、第2章で解説した、ポートフォリオマネジメントの主なマネジメント領域のひとつである「資源のマネジメント」で、不足する人材を明確にしたうえで検討します。また、外部人材を活用する場合のメリットとデメリットを含めて検討します。

①メリット
　即戦力となる人材を確保できる。
　社内人材に比べコストを低減できる（必要な期間のみの契約などでコストの調整が可能）

②デメリット
　社内人材が育たない（社内人材の知識・経験の向上につながり難い）

　また、外部人材ではなく社内メンバーで実施した方が良い役割や、外部人材を活用しても特に問題がない役割などを明確にし、あらかじめ次のように方針を決めておくことも必要です。

＜外部人材活用方針の例＞
- ポートフォリオマネージャー（PfM）：社内人材のアサインを原則とする
- EPMOリーダー：社内人材のアサインを原則とする
- プログラムマネージャー（PgM）：社内人材のアサインを優先とするが、外部人材も可能とする
- プロジェクトマネージャー（PM）：社内人材または外部人材をアサインする

　これは、PfMやEPMOリーダーは経営戦略・経営計画との整合などを常に意識し判断、行動することが必要となるポジションより社内人材をアサインすることを原則とし、ポートフォリオコンポーネントの実行に関する役割は外部人材でも良いという方針の例です。

 ## （2）一部機能を外部委託する

　人材だけでなく、プロジェクト型組織の一部機能を外部へ委託するケースもあります。比較的業務がまとまっていて委託した業務の成果を評価しやすい業務とすることや、自社に経験やノウハウが不足している業務を外部の専門性の高いベンダーに委託することなど検討が必要です。
　前者の例としては、ポートフォリオコンポーネントの一部のプロジェクト実行を委託するなどです。後者の例としては、プロジェクトマネジメントオフィス（PMO）の機能を委託するなどがあります。ただ、これらは外部人材の活用と同様に、自社で実施した方が良い業務

と、外部委託しても良い業務などの方針を設けることが必要です。また、委託した業務の成果に対し報酬を支払う成功報酬型の業務委託契約のケースもありますので、成果を定量的に評価することを含め十分な検討を実施します。これらの外部委託以外には、業務を委託せずに自社で実施していく形態をとり、専門性の高いベンダーに業務の支援（コンサルタント業務）を実施してもらうケースがあります。

　近年、プロジェクトマネジメントやPMOの実行・支援を実施する専門性が高く優秀なプロジェクト人材を保持するベンダーが増えております。自社のプロジェクト人材の育成を継続的に実施していくことはもちろん、企業・組織の状況に応じて外部の力を借りることを含め、プロジェクト型組織における人材を確固たるものにしていきます。

資格取得のすすめ

プロジェクト人材の育成において、メンバーの知識・ノウハウの習得を継続的に実施していくためにも、プロジェクトマネジメント関連の資格を取得することをおすすめします。国際資格や日本における資格がありますので紹介します。

 (1) プロジェクトマネジメント関連の資格について

図表6-5は、プロジェクトマネジメント関連の主な国際資格および日本国内の資格になります。

■ 図表6-5　プロジェクトマネジメント関連の主な資格

	国際資格		日本における資格	
資格認定団体	Project Management Institute (PMI)	AXELOS	日本プロジェクトマネジメント協会 (PMAJ)	情報処理推進機構 (IPA)
ポートフォリオマネジメント	PfMP®	MoP® Practitioner MoP® Foundation	－	－
プログラムマネジメント	PgMP®	MSP® Practitioner MSP® Foundation	PMA PMR	－
プロジェクトマネジメント	PMP® CAPM®	PRINCE2® Practitioner PRINCE2® Foundation	PMS PMC	プロジェクトマネージャ試験

PfMP®：Portfolio Management Professional（英語）
PgMP®：Program Management Professional（英語）
PMP®：Project Management Professional　（英語、日本語）
CAPM®：Certified Associate in Project Management（英語、日本語）
MoP®：Management of Portfolios（英語）
MSP®：Managing Successful Programmes（英語）
PRINCE2®：Projects in controlled environments 2nd edition（英語）
PMA：プログラムマネジメント・アーキテクト（日本語）
PMR：プログラムマネジャー・レジスタード（日本語）
PMS：プロジェクトマネジメント・スペシャリスト（日本語）
PMC：プロジェクトマネジメント・コーディネータ（日本語）
プロジェクトマネージャ試験（日本語）
（　）内は資格試験受験時の言語例

ポートフォリオマネジメント、プログラムマネジメント、プロジェクトマネジメントのそれぞれの資格がありますが、ポートフォリオマネジメント関連の資格は、日本には無く国際資格のみになります。

　ポートフォリオマネジメントやプログラムマネジメントは、規模も大きく世界各国のステークホルダーが関与するプロジェクトを扱うことが多いこともあり、国際資格取得時の申請や試験の言語は英語となっており、今のところ日本語化の予定は聞こえてきません（2023年7月時点）。

　日本においては、プロジェクトマネジメントはかなり浸透しており、プロジェクトマネジメントの資格保持者も多い状況です。日本のPMP®資格保持者は四万人を超え、情報処理推進機構のプロジェクトマネージャ試験の合格者も約二万人（令和四年のIPA統計資料より）となっております。

　一方、ポートフォリオマネジメントの資格保持者は海外に比べ少なく、またプログラムマネジメントについても同様で資格保持者は決して多くはありません。

　日本企業において（または企業を支援するコンサルタントベンダー等において）、ポートフォリオマネジメントやプログラムマネジメントの実践スキルを持った人材を育成し、増やしていくためにも、資格の取得をおすすめいたします。

▌▌▌（2）世界の資格取得者数（PfMP®, PgMP®）

　プロジェクトマネジメント協会（PMI）が認定する国際専門職資格であるPfMP®およびPgMP®の保持者数の推移と、2023年1月時点の主要各国のおける保持者数はP.187 図表6-6のとおりです。

　北米を中心に最近ではアジア（主に中国、インド）や中東各国が増加傾向にあります。日本は少しずつ増えておりますが、残念ながら

PfMP®、PgMP®とも未だグローバル全体の1%に満たない状況です。

■ 図表6-6　PfMP®, PgMP® 資格保持者数

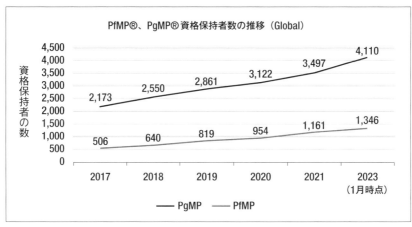

PMI Certification Registry の情報等より筆者が独自調査（欧州各国は Others に含む）

（2023年1月時点）	PfMP® 資格保持者数	比率	PgMP® 資格保持者数	比率
US	399	29.6%	1,284	31.2%
Saudi Arabia	212	15.8%	306	7.4%
INDIA	140	10.4%	473	11.5%
CANADA	88	6.5%	286	7.0%
CHINA	45	3.3%	478	11.6%
Australia	43	3.2%	121	2.9%
United Arab Emirates	38	2.8%	127	3.1%
JAPAN	12	0.9%	23	0.6%
Others	369	27.4%	1,012	24.6%
Global Total	1,346	100.0%	4,110	100.0%

　この後、PfMP®資格の概要を、資格取得方法等を含め紹介しますので、是非チャレンジされてはいかがでしょうか。

ポートフォリオマネジメントの国際資格（PfMP®）

PfMP®資格の取得についての概要を説明します。

　以下の内容は、2023年7月時点の内容をもとにした情報です。今後変更となる場合がありますので、最新情報はPMIのホームページからダウンロードできる「Portfolio Management Professional (PfMP)® Handbook」で確認ください。

（1）資格の概要

①資格取得の対象者

　経営層（エグゼクティブ）、上級レベルのマネージャー、ポートフォリオマネージャー、EPMOリーダーなど、企業・組織の戦略にそったプロジェクトやプログラムを管理し、資源（予算等）の配分や優先順位付けなどに携わっている方。プロジェクト型組織をリードする役割を担う方や目指す方。経営コンサルタントなど企業・組織の経営戦略実践をサポートする方など。

②受験資格

　大学卒の場合、96ヶ月以上のビジネス経験（過去15年以内）と48ヶ月以上のポートフォリオマネジメント経験（高校卒の場合、ポートフォリオマネジメント経験は84ヶ月以上必要）

③受験費用

　PMIメンバーの場合：$800

　PMIメンバー以外：$1,000

④受験準備

主に以下の三つをおさえておく必要があります。

●The Standard for Portfolio Management – Third Edition（英語版）を理解する

（注）"The Standard for Portfolio Management" の最新版は Fourth Edition ですが、PfMP®試験は、Third Edition の内容から出題されます（2023年7月現在）。

●PfMP Exam Content Outline を熟読し理解する（PMIのホームページからダウンロード可）

●PfMP®問題集（洋書：インターネット販売等で購入可能）やオンラインの学習サイトなどの試験対策コース等にて、問題を繰り返し解き複数選択式問題に備える

(2) 資格取得までの流れ（①→②→③）

図表6-7に記載していますが、資格取得までに次の三つの関門があります。

①申請書の受理、②パネルレビューの合格、③複数選択式試験の合格。

■ 図表6-7　PfMP®資格取得の流れ

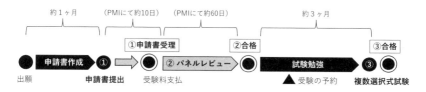

①申請書の提出・受理

申請書を提出し、約10日間でPMIが申請内容を審査。申請書が受理されれば受験費用を支払い、②のパネルレビューにすすみます。

稀に、申請内容に偽りがないか等の監査（audit）に選ばれるときがあり、その場合は90日以内に要求されたエビデンス資料等を提出する必要があります。

　申請書に記載する主な内容は以下です（英語で記載）。

●ポートフォリオマネジメントの経験
　自ら実施したポートフォリオマネジメントの経験を記述します。（英文で約500words以内／ポートフォリオ）。大卒の場合は48ヶ月以上のポートフォリオマネジメント経験を記載しますが、48ヶ月に満たない場合は48ヶ月以上になるように複数のポートフォリオマネジメントの経験を記載します。
　例）ABCポートフォリオ（36ヶ月）の経験と、XYZポートフォリオ（12ヶ月）の経験

●ポートフォリオマネジメントの五つの領域における経験
　五つの領域ごとに決められた質問に応えるかたちで自らの経験を記述します。
　五つの領域とは、Strategic Alignment, Governance, Portfolio Performance, Portfolio Risk Management, and Communication Managementで、領域ごとに英文で300〜500 wordsで記載します。

　申請書の内容は自らの経験を細かく英語で記載する必要がありますので、申請書の作成には1ヶ月ほどは必要かと思います。また文法的にも正しい英語を求められますので提出前にネイティブの方に知り合いがいればチェックしてもらうことも有効です。
　最初の関門である①のPMIが申請書を受理するかどうかは、上記のポートフォリオマネジメントの経験内容で決まります。ポートフォリオマネジメント経験が乏しい、または記載が不十分と判断されれば、

受理されず差し戻され、その場合は再提出の機会が与えらます。

②パネルレビュー

パネルレビューとは、上記の①の五つの領域における経験内容を審査するものです。PMIの経験豊富な特定分野の専門家（Subject Matter Expert）が決められた基準をもとに審査します。①の申請書が受理されてから約60日の間に審査が行われ、結果の通知が電子メールであります。合格であれば、次の③複数選択試験の受験資格を得ます。

不合格であればPMIから電子メールで連絡があり再提出の意思などを確認されます。再提出の際にはPMIからの連絡内容を良く理解した上で、①の五つの領域における経験の記載を修正し提出します。

③複数選択式試験

パネルレビューを合格した日から一年間が、複数選択試験を受験できる期間です。複数選択試験が不合格になったとしても、一年の間で、最大で三回まで受験できます。ただし、二回目以降は再受験費用が必要となります。

（再受験費：PMIメンバーは$600、PMIメンバー以外は$800）

複数選択試験は、170問（4時間）の試験で、170問の内20問（非公開）は採点されない問題が含まれます。問題の言語は英語です。

●出題範囲

出題範囲は、ポートフォリオマネジメントの五つの領域から出題されます。その出題比率は以下の通りです。

＜複数選択式試験の出題比率＞

- Strategic Alignment 25%
- Governance 20%
- Portfolio Performance 25%

- Portfolio Risk Management 15%
- Communication management 15%

●受験形式

　この複数選択式試験は、国内のテストセンターで受験する形式です。（Pearson VUEのテストセンターにおけるCBT試験形式：2023年7月時点）

　四時間のテストで途中トイレに行くなど離席は可能ですが、テスト時間は止まりませんので注意が必要です。170問を解き終わり、試験を終えると、試験結果（合否）が画面に表示されます。正答率などの合格の基準は公表されていません。

●受験対策

　複数選択式試験の問題集（洋書）が複数出版されていますので、購入し何度も解くことをおすすめします。また、最近ではオンラインの学習サイトにPfMP®の試験問題コースも複数ありますので、それらを受講することも有効です。170問を四時間で解く試験（1問を1分24秒以内で解くペース）になりますので、英文の問題を正しく読むスピードも求められます。問題を何度も解いて問題のパターンに慣れることが必要でしょうか。私見ですが、少なくとも三ヶ月ほどの試験勉強期間をもうけることをおすすめします。

●試験問題の例

　あくまでも例ですが、次のような四択問題になります。

\<Sample Question\>

You are the manager of a major portfolio with a variety of stakeholders and stakeholder groups. You know that managing communication is key to success. You want to start developing your

Communication Management Plan and are planning to use the followings:

a. Portfolio Process Assets, Portfolio Roadmap, Portfolio, Portfolio Management Plan, Portfolio Reports

b. Portfolio Process Assets, Portfolio Charter, Portfolio, Portfolio Management Plan, Portfolio Component Reports

c. Portfolio Process Assets, Portfolio Charter, Portfolio, Portfolio Management Plan, Portfolio Reports

d. Portfolio Process Assets, Portfolio Roadmap, Portfolio, Portfolio Management Plan, Enterprise Environmental Factors

　この問題は、比較的シンプルで、コミュニケーションマネジメントプランを作成する際に用いる情報を問うもので、正解は"a"になります。"The Standard for Portfolio Management – Third Edition"に記載されていますのでしっかりと理解していれば簡単に解けます。

　また、この例題のように問題文が比較的短いものもあれば、この倍以上の問題文が長いものもありますので、英文の問題に慣れておく必要があります。

　以上、PfMP®資格について紹介しました。PgMP®についてもPfMP®とは求められる経験や内容、試験範囲等は異なりますが、①、②、③の三つの関門は同様の形式です。PgMP®試験については、PMIのホームページからダウンロードできる"Program Management Professional (PgMP)® Handbook"に最新情報が記載されていますので確認ください。

　海外（特に米国）ではPMIのATP（Authorized Training Partner）がPfMP®やPgMP®の資格取得のサポート（受験申請の支援、複数選択

式試験対策のセミナー開催など）を実施しています。国内では、PMI
日本支部（https://www.pmi-japan.org）のポートフォリオ・プログラ
ム研究会が、日本におけるPfMP®およびPgMP®保持者を増やす活動
を継続して実施しており、セミナーや資格説明会を定期的に開催して
います。資格取得にチャレンジしてみたいという方はセミナーへの参
加をご検討されてはと思います。

■ **参考文献**

- 一般社団法人日本能率協会. 日本企業の経営課題2022. 2022
- Project Management Institute. The Standard for Portfolio Management Fourth Edition. 2017
- Project Management Institute. The Standard for Program Management Fourth Edition. 2017
- Office of Government Commerce. Management of Portfolios. 2011
- ISO21504:2022. Project, programme and portfolio management – Guidance on portfolio management. 2022
- Charles A. O'Reilly Ⅲ, Michael Tushman. LEAD and DISRUPT: How to solve the innovator's dilemma Second Edition. Stanford Business Books. 2021
- Antonio Nieto-Rodriguez. The Project Economy Has Arrived. Harvard Business Review. 2021
- PMI日本支部. ニューズレター vol.95. 2023
- Project Management Institute. PMI`s PULSE of the PROFESSION 9th Global Project Management Survey. 2017
- 独立行政法人情報処理推進機構. DX白書2023. 2023
- International Institute for Management Development. IMD WORLD COMPETITIVENESS BOOKLET 2022. 2022
- 尾﨑能久. 中期経営計画の目標とプロジェクトの成果との整合について～ポートフォリオマネジメントの観点から考察～. PMI日本フォーラム2022. PMI日本支部. 2022, Page1-8, 16-39, 43.
- 尾﨑能久, アンリ近藤. ～戦略とプロジェクトを結び付ける～ ポートフォリオマネジメント・セミナー資料. PMI日本支部. 2023, Page27-50.
- 内海康文. 経営計画策定・実行の教科書. あさ出版. 2017
- あずさ監査法人. ROIC経営：稼ぐ力の創造と戦略的対話. 日経BPマーケティング. 2017
- 松永博樹, 伊藤学. P/Lだけじゃない事業ポートフォリオ改革 ROIC超入門. 日本能率協会マネジメントセンター. 2021
- Te Wu. Supercharge Your Career in Project Management, from Entry Level to Chief Project Officer. Project Management.com. 2020
- Project Management Institute. Earning Power Project Management Salary Survey Twelfth Edition. 2021
- Project Management Institute. Portfolio Management Professional (PfMP)® Handbook. 2020

■ おわりに

　この度は、多くのビジネス書の中から本書を手に取りお読みいただきありがとうございました。マネジメントや日々の業務において参考にしていただけることがありましたでしょうか。

　本書の執筆時は新型コロナウイルスが第五類になり、徐々に以前の日常を取り戻しつつある状況です。ただ今後も変化が継続して起こる世の中であることに変わりはありません。先日もニュースで取り上げられておりましたが、日本の人口減少が顕著で、2020年に約1億2,600万人であった人口が、2056年には1億人を割り込み、2070年には現在の人口の約七割にまで減少する見込みとのことです。決して遠い未来の話ではありません。

　今後も企業は、このような今までに経験したことのない変化に直面しながらも、ビジネスを維持し更なる発展に取り組んでいかねばなりません。また、企業の存在意義（ミッションやパーパス）を明確にして、社会的貢献、SDGsなどに取り組んでいくことも然りです。

　日本企業はこれまでもバブル崩壊、リーマンショックなど様々な変化に屈することなく存続し成長してきたという実績があります。これまでの日本企業の強みに加えて、新たな取り組みを積極的に取り入れてチャレンジしていくことが更なる発展につながると確信しております。本書で紹介したポートフォリオマネジメントを新たな取り組みの一つとして参考にしていただき役立てて頂ければ幸いです。

　日本全体が、活気のある、より強い時代になっていくことを願ってやみません。読者の皆さまの今後のますますのご活躍をお祈りしております。

　最後に、本書の出版にあたってサポートをいただいた、PMI日本支部ポートフォリオ・プログラム研究会のメンバーにこの場を借りて御

礼申し上げます。また、私に出版の機会を与えていただき多くの貴重なアドバイスをいただいた出版プロデューサーの山田稔氏に感謝申し上げます。そしていつも私を支えてくれている大切な家族に感謝いたします。

2023年7月
尾﨑 能久

著者紹介

尾﨑 能久（おざき よしひさ）
Yoshihisa Ozaki, PfMP®, PgMP®, PMP®

1986年同志社大学工学部を卒業後、横河北辰電機（現 横河電機株式会社）に入社。主に石油精製および石油化学プラント向け制御システムの技術提案および導入プロジェクトに参画。40以上の大規模プロジェクトを担当しプロジェクトマネジメントの経験を積む。2007年からは、GE HealthcareのヘルスケアIT事業において、システムコンサルテーションのリーダー、プロフェッショナルサービス部門（プロジェクトマネジメント、PMO等）の日本の責任者などを歴任。2019年からは、富士フイルムグループ（メディカル事業）の事業会社である富士フイルム医療ソリューションズ株式会社の取締役をつとめている。また、世界最大のプロジェクトマネジメント協会（Project Management Institute）が認定する、Portfolio Management Professional（PfMP）®, Program Management Professional（PgMP）®, Project Management Professional（PMP）® の三つの国際専門職資格を持つ日本では限られた専門家として活動をしており、講演やセミナーの講師をつとめている。Project Management Institute（PMI）およびPMI日本支部会員。PMI日本支部ポートフォリオ・プログラム研究会所属。
https://p3moffice.com,

**プロジェクト・ポートフォリオ
マネジメントの教科書**
ビジネスを継続的に維持・発展させていく考え方と手法

2023年10月20日　初版第1刷

著　者　　尾﨑 能久
編集・制作　ケイズプロダクション
発行者　　籠宮啓輔
発行所　　太陽出版
　　　　　東京都文京区本郷3-43-8　〒113-0033
　　　　　TEL 03（3814）0471　FAX 03（3814）2366
　　　　　http://www.taiyoshuppan.net/
　　　　　E-mail info@taiyoshuppan.net

ISBN978-4-86723-147-0

すごい人材育成

～新入社員を1年で一人前に育てる36のポイント～

塚本 秀寿【著】　定価 本体1600円+税

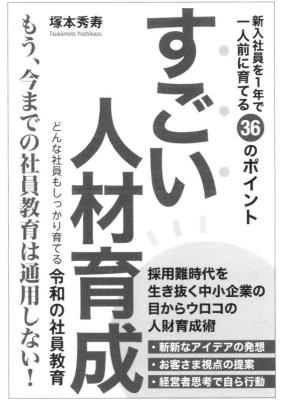

ISBN978-4-86723-086-2

　研修講師として30年以上人材育成の現場で活動してきた経験から新入社員を人財に育てるために実践すべきことを36項目に分けて具体的に説明します。

　是非この本を読んであなたの会社に人財という宝の山を作り上げてください。

コンテンツホルダーのための
Chat GPT 超入門

山田 稔【著】　定価 本体1600円+税

ISBN978-4-86723-137-1

　ChatGPTに指示をすることで、セミナーや講座を構築し、Kindle出版・商業出版でブランディングして、ブログ・SNSでマーケティングし、SNS広告で集客して、セールスレターで成約するまでに必要な全てが揃う実践的なノウハウをまとめました。

　これで、あなたもコンテンツビジネスが簡単にはじめられます。